D1997443

JÖRG LÖHR *Einfach* ***mehr*** *vom Leben* **MIT ULRICH PRAMANN**

Einfach mehr vom Leben

ANLEITUNG FÜR GLÜCK UND ERFOLG

JÖRG LÖHR MIT ULRICH PRAMANN

EDITION ERFOLG VERLAG

Inhalt

DIE TUGENDEN

Vorneweg dies …

Einmal angenommen, es gäbe wirklich so etwas wie diese wunderbare Lampe Aladins. Einmal angenommen, Sie dürften sich etwas wünschen, und – pling – schon würde es wahr. Was stünde alles auf Ihrer Wunschliste?

Ein langes, gesundes Leben? Eine großartige Karriere? Eine erfüllende Beziehung? Fröhliche, gesunde Kinder? Mehr Erfolg, mehr finanzieller Spielraum, mehr Anerkennung? Weniger Gewicht? Mehr Spaß, mehr Lebensfreude? Mehr Zeit? Mehr persönliche Freiheiten? Glück ohne Ende?

Also **Lebensglück**. Was glauben Sie: Ist Lebensglück nur eine Frage von glücklichen Fügungen und Umständen, also abhängig von einem hohen IQ, von exzellenter Ausbildung, von reicher Erfahrung und reichlich Geld im Rücken? Oder glauben Sie, es braucht im Leben bloß eine Glückssträhne, um glücklich zu sein?

Nein. So einfach ist das Leben nicht. Natürlich nicht. Und trotzdem: Sie können sehr viel erreichen. Vielleicht nicht alles, aber eine ganze Menge. Allerdings: Das geht nicht von selbst.

Welchen Sinn hat das Leben?
Den, den wir ihm geben.
THORNTON WILDER

Ob Sie es glauben oder nicht: **Glücklichsein** ist gar nicht so schwer – wenn Sie wissen, worauf es ankommt. Vielleicht klingt es zu schön, um wahr zu sein, aber: Sie könnten Ihr Leben aus eigener Kraft in die gewünschten Bahnen lenken, um schließlich Ihr Glück zu finden – wenn Sie nur wirklich wollen. Und vor allem: Wenn Sie es richtig anpacken.

Die alles entscheidende Frage fürs Glücklichsein und Lebensglück lautet: **Lebe ich mein eigenes Leben**, lebe ich wirklich ausschließlich nach meinen eigenen Vorstellungen und Wünschen? Oder werde ich gelebt? Lebe ich so, wie das von mir erwartet wird? Von den anderen, von meinem Partner, der Familie, von meinem Chef, von der so genannten Gesellschaft. Lebe ich nach den Regeln der anderen?

Nein, Wohlstand und Geld allein sind nicht der ultimative Beweis für ein erfolgreiches Leben – es gehört schon mehr dazu.

Lebe dein Leben. Nehmen Sie Ihr Glück in Ihre eigenen Hände. Kümmern Sie sich um Ihre ureigenen Bedürfnisse. Machen Sie das Beste aus Ihren **Möglichkeiten**. Machen Sie sich

selbst Dampf. Entwickeln Sie Ihre eigenen **Vorstellungen** vom Leben. Finden Sie heraus, was für Sie wirklich wichtig ist – und was nicht.
Entdecken Sie ihn neu, den Pippi-Langstrumpf-Faktor für Ihr Leben: »Mach dir die Welt so wie sie dir gefällt.«
Verzichten Sie möglichst auf alles, was für Sie wenig Wert hat. Befreien Sie sich einfach von überflüssigem Ballast.
Steigern Sie Ihre Lebensqualität. Gehen Sie Schritt für Schritt über Ihre selbst gesetzten Grenzen hinaus. Geben Sie Ihrem Leben neuen Schwung – und mehr **Leichtigkeit**.

Einfach mehr vom Leben. In diesem Motivationsbuch finden Sie smarte Sprüche und Spitzfindigkeiten, Einblicke, kluge Merkregeln und Anregungen zur Selbsthilfe. Dieses Buch ist als eine Art **Gebrauchsanleitung für Lebensglück** konzipiert. Stimmt, das Leben ist wahrlich kompliziert. Aber müssen deswegen auch Lebenshilfebücher so kompliziert und mühsam sein?
Nein. Ich will Ihnen allerdings mehr geben als nur simple Ratschläge. Das ist nicht gerade einfach, denn gleichzeitig will ich es Ihnen als Leser so leicht wie möglich machen. Deshalb habe ich die **lohnenden Ziele** und wichtigsten **Tools und Tugenden** zusammengefasst, kompakt, in knappen Kapiteln – was Sie tun können und tun müssen, um die erstrebenswerten Ziele zu erreichen. Jedes Kapitel steht für sich, alle zusammen ergeben ein Mosaik für ein erfülltes Leben.

> Das gute Leben ist ein Prozess,
> kein Zustand.
> Es ist eine Richtung,
> kein Ziel.
>
> **Carl Rogers**

Einfach mehr vom Leben. Kennen Sie den? Wandern zwei Typen durch den Wilden Westen, immer auf den Eisenbahnschienen entlang. Stundenlang gehen sie so, von Schwelle zu Schwelle. Plötzlich hören sie hinter sich einen Zug kommen. Was tun sie? Sie beginnen zu laufen, schneller, immer schneller. Doch der Zug kommt näher, immer näher. Sagt der eine zum anderen: Wenn jetzt nicht bald eine Abzweigung kommt, sind wir geliefert …
Na gut, ein ziemlich alter Witz, der aber treffend illustriert, worum es in diesem Buch geht. Viele haben einfach Schwellenangst, neue Wege zu beschreiten. Sie bewegen sich auf eingefahrenen Gleisen. Die Gleise geben dem Leben zwar eine gewisse Sicherheit, aber sie versperren den Blick für **neue Chancen** und **Erfahrungen**.
Wenn Probleme auftauchen, kommen diese Menschen gar nicht mehr auf die Idee, einfache, neue, vielleicht leichtere Lösungen auszuprobieren –

VORNEWEG DIES …

Wer immer nur das tut,
was er immer schon getan hat,
bekommt nur das, was er
immer schon bekommen hat.

denn oft genügt es, einen Schritt zur Seite, einen Schritt aus dem Trott heraus zu gehen. Ja, ich will Ihnen Einsichten, Anregungen und Vorschläge liefern. Denn Wissen ist Macht. Und erst Wissen macht es möglich, sein Leben zu ändern. Allerdings: Ich will Ihnen hier keine fertigen Erfolgsrezepte vorsetzen. Denn die kann es gar nicht geben. Kein noch so schlaues Buch, kein noch so geduldiger Coach oder Lehrer, kein noch so verlockendes Angebot, keine Anweisung kann Ihr Leben verändern, wenn Sie das selbst nicht aus eigener Kraft wollen und wenn Sie nicht selbst für diese Veränderung sorgen.

Jede Veränderung beginnt mit einer bewussten **Entscheidung**: Ja, ich tu's. Und jeder Entscheidung müssen Einsichten vorausgehen: Ja, so ist es. Ja, das stimmt. Ja, das will ich.

Lesen lohnt sich. Was Sie hier lesen, wird Ihnen hoffentlich viele Aha-Erlebnisse bescheren. Die sind sicher wichtig. Aber das allein reicht noch nicht. Aha-Erlebnisse, echte Einsichten bringen letztlich nur etwas, wenn sie unmittelbar etwas auslösen: Aktivität und/oder Veränderung. Kommen Sie also ins **Handeln**.

Sie wissen ja: Handeln kommt von Hand, nicht von Maul. Sonst hieße es ja maulen. Setzen Sie unbedingt auch in die Tat um, was Sie sich erarbeiten und lernen.

Einfach mehr vom Leben. Vielleicht kommt Ihnen manches bekannt vor. Vielleicht, so werden besonders kritische Köpfe einwenden, liest sich mancher Satz wie eine Selbstverständlichkeit, wie eine Binsenweisheit. Und wenn schon. Das ist nicht der Punkt. Wichtig ist, dass Sie aufgeschlossen sind, altbekannte Dinge mit neuen Augen zu sehen. Denn ich will Sie immer wieder neu dazu ermuntern, über sich selbst nachzudenken.

Der Mensch wird
geboren, um zu
leben, und nicht, um
sich auf das Leben
vorzubereiten.

Boris Pasternak

Einfach mehr vom Leben. Selbstverständlich, keiner, der unglücklich ist, wird im Schnellverfahren glücklich – mir nichts, dir nichts, von heute auf morgen. Glück kann keiner erzwingen. Aber Sie können ein glückliches Leben gewissermaßen von Grund auf lernen und trainieren. Und Sie müssen es auch fleißig trainieren. Tag für Tag. Denn glücklich zu leben ist vor allem **Einstellungssache**.

Kennen Sie zufällig den Film *Der Club der toten Dichter*? Robin Williams spielt darin einen Lehrer, der es mit Schülern zu tun hat, die wie die allermeisten sind: Ziemlich verklemmt, ziemlich lasch, den Kopf voller Regeln und Verbote. Bei diesen jungen Leuten ist leider das Wichtigste im Leben schon verschüttet: Sie haben ihre Träume, ihre Vision des Lebens aus den Augen verloren. Statt Begeisterung und Ambitionen für eine bestimmte Sache zu zeigen, leben sie nach den **Vorstellungen und Erwartungen** anderer. Ihre Eltern wollen, dass sie Anwälte oder Ärzte, Banker oder Beamte werden.

Einmal kommt der Lehrer mit seinen Schülern durch die Aula, vorbei am Schaukasten mit den Bildern früherer Jahrgänge. »Seht euch diese Bilder an, Jungs«, sagt der Lehrer. »Diese jungen Männer hatten einmal das gleiche Feuer in den Augen wie ihr. Sie planten, die Welt im Sturm zu nehmen und was Herrliches aus ihrem Leben zu machen. Das war vor 70 Jahren. Und jetzt? Jetzt sehen sie die Radieschen von unten.

Die meisten Menschen überschätzen, was sie in einem Jahr tun können. Und sie unterschätzen, was sie in zehn Jahren tun können.

Wie viele von ihnen haben wirklich ihre Träume gelebt? Haben sie getan, was sie sich zu erreichen vorgenommen hatten?«

Dann beugt sich der Lehrer in die Gruppe der Schüler und sagt leise, doch unüberhörbar: »Carpe diem! Nutze den Tag!«

Nutzen Sie den Augenblick: Carpe diem! Noch einmal: Lebensglück ist kein Endergebnis, sondern die gegenwärtige Freude und vor allem der Spaß an dem, was Sie gerade tun. Gewiss, fürs Glück spielen Vergangenheit und Zukunft eine Rolle. Aber nur eine Nebenrolle.

Stecken Sie Ihre Energie ins Hier und Jetzt. Betrachten Sie das, was Sie tun, als Spiel, und zwar als spannendes Spiel.

Sehen Sie am besten das ganze Leben als Herausforderung an Ihre Vitalität, leben Sie weniger verkrampft. Und denken Sie nicht zuletzt immer wieder daran: Das Leben findet täglich statt.

Wer sagt denn, dass Sie immer perfekt sein müssen? Sie wissen doch: Fehler sind ganz normal. Fehler sind menschlich. Fehler sind außerdem notwendig. Denn Fehler sind wie Wegweiser in die Zukunft.

Wer sagt denn, dass Sie sich ständig Sorgen machen müssen? Sie sollten wissen: Statistik und Lebenserfahrung beweisen unumstößlich: 90 Prozent unserer Sorgen sind überflüssig.

> Wir sind nicht nur verantwortlich für das, was wir tun – sondern auch für das, was wir nicht tun.
>
> **Laotse**

Matthäus (nicht Lothar, sondern der Apostel) hatte mit seiner Sorge-dich-nicht-lebe-Regel aus dem neuen Testament recht: »Darum sorget nicht für den andern Morgen; denn der morgende Tag wird für das Seine sorgen. Es ist genug, dass ein jeglicher Tag seine eigene Plage habe.«

Noch mal zurück zum *Club der toten Dichter.* Einer der Schüler, er war eher unscheinbar und hieß Knox Overstreet, hatte sich unsterblich verliebt in ein tolles Mädchen aus der Parallelklasse. Das Dumme: Sie war schon die Freundin eines anderen, ausgerechnet des Sportstars der Schule. Knox traute sich einfach nicht, sich ihr zu nähern, geschweige denn, sie anzusprechen. Doch er erinnerte sich an den Rat seines Lehrers: Carpe diem! Nutze den Tag! Wollte er bis ans Ende seiner Tage stumm leiden – und nichts tun?

Nein. Kühn und poetisch erklärt er dem Mädchen seine Gefühle.

Natürlich weist sie ihn ab. Er bekommt außerdem von ihrem Freund ganz schön eins auf die Nase. Immer wieder also Rückschläge. Aber Knox will seinen Traum, seinen **Herzenswunsch**, nicht aufgeben. Und er gibt auch tatsächlich nicht auf. Irgendwann geht dann wirklich das Herz des Mädchens auf. Sie verliebt sich in ihn.

Carpe diem! Nutze den Tag!

Das hat Knox, das unscheinbare Kerlchen, gemacht, und zwar Tag für Tag. Und eines Tages durfte er die Belohnung kassieren, sein großer Traum wurde tatsächlich wahr.

Tue mehr als zu existieren – **lebe**

Tue mehr als zu schauen – **beobachte**

Tue mehr als zu berühren – **fühle**

Tue mehr als zu lesen – **nimm auf**

Tue mehr als zu hören – **höre zu**

Tue mehr als zuzuhören – **verstehe**

John H. Rhoades

EINFACH MEHR VOM LEBEN

ERFOLG · GLÜCK · PARTN
GESUNDHEIT · ZEITSOUVE
FREUDE · FINANZIELLE FREIH
FREUNDSCHAFT · ANERKE
SEX · PERSÖNLICHES WACHS

DIE

ERSCHAFT UND LIEBE
RÄNITÄT · WISSEN · LEBENS
EIT · SELBSTBEWUSSTSEIN
NNUNG · KOMMUNIKATION
TUM

ZIELE

ERFOLG

Eignen Sie sich die Mentalität eines Gewinners an

Jeder kann erfolgreich sein. Aber: Erfolg fällt nicht vom Himmel. Erfolg ist weder Glückssache noch Hexerei. Erfolg kann und muss man planen. Die richtige Einstellung ist die Basis für den Erfolg.

Vielleicht kommen Ihnen ähnliche Gedanken, wenn Sie an einem Sommertag den See voller Segelboote sehen: Komisch, obwohl der Wind aus einer Richtung weht, obwohl alle dieselben Bedingungen haben, segeln sie doch in alle möglichen Richtungen, mit unterschiedlichem Tempo. Wie ist das möglich? Der Wind ist für alle gleich. Aber es ist nicht der Wind, der entscheidend ist. Alles hängt davon ab, wie die Segel gesetzt sind. Und das ist Sache jedes Seglers.

So ähnlich funktioniert auch unser Leben – und der Erfolg im Leben. Wir haben es selbst in der Hand. Wir können zwar den Wind nicht beeinflussen, aber wir können entscheiden, wie wir die Segel setzen. Wir können an den Umständen oft nichts ändern, aber wir können unsere Einstellung ändern. Wir können uns als ein Opfer der Umstände sehen. Oder aber als ein Macher, der aus den Umständen das Beste macht, was möglich ist. **Erfolg beginnt im Kopf.** Die erste Frage, die jeder für sich klären muss: Was bedeutet Erfolg eigentlich für mich? Ein dickes Konto, ein dickes Auto, ein großes Haus? Das Leben in vollen Zügen genießen? Karriere, Anerkennung? Erfolg, so steht es auch im Lexikon, bedeutet das **Erreichen eines Ziels**.

Dieses Ziel oder diese Ziele müssen wir also zunächst mal für uns selbst finden. Erfolg muss nicht heißen, dass wir viel in unserem Leben erreichen – verglichen mit anderen. Erfolg heißt vielmehr: Dass wir das Beste aus unserem Leben machen – verglichen mit den Möglichkeiten, die in uns stecken. Die **persönliche Zielsetzung** ist für den Erfolg ein ganz wesentlicher Punkt.

> Erfolg hat nur, wer etwas tut, während er auf den Erfolg wartet.
>
> THOMAS A. EDISON

Schließlich hängt jedes Erfolgserlebnis davon ab, ob das Ergebnis mit den selbst gesetzten Erwartungen übereinstimmt. Letzteres besonders. Bei uns wird der Erfolg eines Menschen allzu oft mit beruflichem und finanziellem Erfolg gleichgesetzt. Das ist ein bisschen kurz gesprungen. Beruflich Profi, privat Amateur – unter dieser Managerkrankheit leiden viele engagierte Erfolgstypen. Sie müssen irgendwann die bittere Erfahrung machen, dass beruflicher Erfolg niemals ein völliger Ersatz für mangelnden privaten und zwischenmenschlichen Erfolg sein kann. Erfolg ist mehr. **Erfolg heißt Lebenserfolg.** Wir wollen uns alle sicher und geliebt fühlen. Wir spüren, dass materielle Werte nicht alles sind. Wir wollen ausgeglichen, gelassen, glücklich leben – eben das Leben erfolgreich meistern. Zum Erfolg gehören also auch Gesundheit, Lebensfreude und Wohlbefinden, positive Lebensenergie, erfüllende Beziehungen, kreative Freiheit, emotionale Stabilität und Seelenfrieden. Jeder kann erfolgreich sein. Erfolg ist kein Schloss mit sieben Siegeln. **Die Schlüssel zum Erfolg sind für jeden greifbar.** Wir können Erfolg fassen, wenn wir uns anschauen, was erfolgreiche Menschen verwirklichen. Wir können es ebenso tun. Wir können es nachmachen – auf unsere Weise. Studieren Sie die bewährten Erfolgsmethoden, nehmen Sie sich ein Beispiel, und übernehmen Sie (teilweise) die Strategien von Erfolgsmenschen. Erfolgreiche leben nach dem **Realitätsprinzip**. Die Welt, der Alltag ist nun mal kein Wunschkonzert. Die Welt ist, wie sie ist. Und nicht, wie wir sie uns wünschen, wie sie sein sollte oder könnte. Wunschdenken bringt nichts. Doch mit Realitätssinn erleben wir, dass wir letztlich doch alles in der Hand haben – all unsere Entscheidungen, die unser Schicksal bestimmen. Erfolgreiche Menschen nehmen Dinge in die Hand. Zugleich sind Sie sind offen für Neues und Veränderungen.

Erfolgsmenschen machen nicht grundsätzlich andere Dinge, sie machen nur ein paar grundsätzliche Dinge ein bisschen anders.

Erfolg hängt nicht davon ab,
was Sie jetzt sind;
Erfolg hängt davon ab,
was Sie verwirklichen werden.

M. R. Kopmeyer

Erfolg ist das Ergebnis richtiger Entscheidungen.
Richtige Entscheidungen sind das Ergebnis von Erfahrung.
Erfahrung ist das Ergebnis von falschen Entscheidungen.

Anthony Robbins

Sie kleben nicht an alten Vorstellungen. Sie vertrauen auf sich, auf Ihr **Potenzial**. Sie wissen, dass Sie in der Lage sind, alles zu lernen und alles Nötige zu tun, um zu Ihrem Ziel zu kommen. Der Begriff Erfolg leitet sich von einem Vorgang ab: **Erfolg kommt von er-folgen.** Er-folgen kann aber nur, was vorher auf den Weg gebracht worden ist. Der Erfinder Alexander Graham Bell bemühte sich lange Zeit außerordentlich, um eine Hörhilfe für seine schwerhörige Frau zu entwickeln. Das gelang ihm nicht. Aber bei seiner Arbeit entdeckte er ein Prinzip, das die Welt veränderte. Hatte Bell also bloß Glück, als er so ganz nebenbei das Telefon erfand? Natürlich nicht. Es ist bequem, Glück oder glückliche Umstände als Grundlage für Erfolg zu betrachten. Damit das Glück überhaupt keimen kann, muss der Boden gepflügt sein. Und wenn die glückliche Gelegenheit da ist, muss man vorbereitet sein, um die Gelegenheit beim Schopfe zu packen. Dabei bleiben Anstrengungen nicht erspart.

Volksschauspieler Gustav Knuth wusste: **»Erfolg ist eine Chance, verpackt in harte Arbeit.«** Zu hoffen, dass das Ausfüllen eines Lottoscheins zum Erfolg führt, ist töricht. **Zum echten Erfolg gibt es keine Abkürzungen.** Und vor den Erfolg haben die Götter den Schweiß gesetzt.

Erfolg ist ein Geschenk Gottes
mit der Verpflichtung,
immer härter zu arbeiten.

Michael Crichton

10 Tipps erfolgreicher Menschen

1 **Erfolgreiche Menschen ...**
haben klare, motivierende Ziele. Sie erkennen, dass sie selbst für ihr Leben, ihre Ziele verantwortlich sind.

2 **Erfolgreiche Menschen ...**
tun das gern, was sie tun. Was Freude macht, fällt leichter und wird besser.

3 **Erfolgreiche Menschen ...**
geben immer ihr Bestes. Also: Keine halben Sachen mehr.

4 **Erfolgreiche Menschen ...**
sind offen und gesellschaftlich aktiv. Sie pflegen nützliche Kontakte.

5 **Erfolgreiche Menschen ...**
sind Optimisten. Sie sehen Probleme als Chancen.

6 **Erfolgreiche Menschen ...**
arbeiten daran, einzigartig zu sein. Was können sie besser als andere? Welches sind ihre natürlichen Talente?

7 **Erfolgreiche Menschen ...**
können sich gut konzentrieren. Sie behalten immer ihr Ziel im Auge.

8 **Erfolgreiche Menschen ...**
verlassen sich bei Entscheidungen auf ihre Intuition. Zuvor sammeln sie solide Informationen.

9 **Erfolgreiche Menschen ...**
ergänzen ständig ihr Wissen: Sie sind offen für Neues und Veränderungen.

10 **Erfolgreiche Menschen ...**
sind aktiv. Was passiert bei Untätigkeit? Nichts. Trägheit und Aufschieberitis sind die größten Erfolgsverhinderer.

GLÜCK

Warten Sie nicht, nehmen Sie Ihr Glück selbst in die Hand

Glück ist kein Zufall. Für unser Glück müssen und können wir selbst sehr viel tun. Glück haben heißt noch nicht, glücklich zu sein. Glücklich ist, wer das gute Gefühl hat, sein Leben selbst zu steuern.

Viel Glück! Wie oft wünschen wir uns das, und wie oft wünschen wir das anderen. Viel Glück! Bestimmt gut gemeint und leicht gesagt, aber schwer zu fassen. Denn Glück – was ist das eigentlich? Vollkommene Gesundheit, weder Pflichten noch Sorgen, Unabhängigkeit, reichlich Geld, Glück im Spiel und in der Liebe? Philosophen und Glücksforscher beschäftigen sich schon seit Urzeiten mit dieser Frage. Ihre Antwort überrascht. Das Glücksgefühl hängt nicht von den erreichten Glücksgütern ab, sondern von der eigenen Glücksfähigkeit. Im Klartext: Materieller Besitz macht nicht unbedingt glücklich. Was aber ist Glück dann? Psychologen definieren Glück als Zustand **vollkommener Befriedigung, vollkommener Wunschlosikkeit**. Wir gehen in unserem augenblicklichen Tun auf, alles um uns herum einschließlich der Zeit verschwimmt.

Zudem ist Glücksempfinden immer subjektiv. Berühmtes Beispiel: Das Grimmsche Märchen von »Hans im Glück«. Nachdem Hans seinem Herrn sieben Jahre lang treu gedient hat, will er heim zu seiner Mutter. Sein Lohn: Ein großer Klumpen Gold. Doch dieser ist viel zu schwer. Er tauscht das Gold gegen ein Pferd. Das Pferd wirft Hans ab. Er tauscht es gegen eine Kuh. Die Kuh tritt ihn beim Melken. Er tauscht sie gegen ein Schwein. Das Schwein gegen eine Gans. Die Gans gegen einen Wetzstein. Dieser fällt in einen Brunnen…

Auf den ersten Blick ist Hans ein Narr. Er hat seinen wertvollen Lohn verspielt. Von sieben Jahren harter Arbeit bleibt ihm nichts. Und doch - er ist glücklicher als jemals zuvor. Warum? Hans erkennt, dass all sein Besitz ihn beschwert hat, seiner Freiheit im Wege war. Die Moral von der Geschichte? Nicht Geld und Besitz machen automatisch glücklich, sondern Wünsche, die sich erfüllen. Mögen sie auch noch so subjektiv sein.

> Die Reichen müssten sehr glücklich sein, wenn sie nur halb so glücklich wären, wie die Armen glauben.
>
> **Charles Tschopp**

Glück kann man nicht einfach haben, kaufen oder erzwingen. Glück muss man empfinden und erleben. Erleben aber bedeutet, dass man so lebt, dass es möglich ist, alles zu erfahren. Jeder kann viel für sein Glück tun. Glück hat etwas mit Handeln zu tun, nicht mit Warten.

Glück ist etwas Aktives. Nach einem sensationellen Schlag sagte der Golfspieler Gary Player einmal: »Glück? Stimmt, das war ein Glücksschlag. Allerdings: Je mehr ich übe, umso mehr Glück habe ich.« Glück ist gleichbedeutend mit Anpacken, die Chance beim Schopfe packen, mit Spontaneität, mit Lust auf Abenteuer. **Die Tür ins Reich des Glücks geht nach außen auf**, erkannte der dänische Philosoph Sören Kierkegaard. Sie lässt sich nicht mit Gewalt aufstoßen, diese Tür. **Die meisten Menschen sind so glücklich, wie sie es innerlich beschlossen haben**, sagte der kluge Abraham Lincoln. Unser Glück wird nicht durch die Ereignisse selbst, sondern durch unsere Reaktion auf das, was passiert, bestimmt. Oder, um es mit Siegmund Freud zu sagen: Die Absicht, dass der Mensch glücklich sei, ist im Plan der Schöpfung nicht enthalten. Was man im strengsten Sinne Glück nennt, entspringt der eher plötzlichen Befriedigung hoch aufgestauter Bedürfnisse und ist seiner Natur nach nur als episodisches Phänomen möglich.

Glück musst du dir verdienen.

Franz Beckenbauer

Glück ist, das zu mögen, was man muss,
und das zu dürfen, was man mag.

Hans Clarin

Glücksmomente. Manchmal nur ein Glas Wasser, wenn man durstig ist. Ein gelungener Abschlag, ein Vertragsabschluss, eine richtig schöne Rückhand, ein Kinderlachen. Der Psychologe Mihaly Csikszentmihalyi hat für den seltenen Moment des Glücksgefühls den Ausdruck **Flow** geprägt. Dieses Hochgefühl namens Flow tritt immer dann auf, wenn Sie sich fast perfekt entsprechen: Die eigenen Fähigkeiten mit der Situation und ihren Anforderungen. »Wenn die Information, die langsam ins Bewusstsein dringt, mit den Zielen übereinstimmt, dann fließt die psychische Energie fast wie von selbst.« Dann kommt Freude auf. Alles scheint selbstverständlich. Wir müssen nicht mehr nachdenken. Wir geben uns dem Augenblick hin, selbstvergessen. Ganz konzentriert im **Hier und Jetzt**.

Glück ist eine Sache des Augenblicks.
Nur Idioten sind immer glücklich.

Ira Prinzessin von Fürstenberg

Glück hat immer mit **Leidenschaft und Hingabe** zu tun. Dieses Aufgehen im Tun, die eigenen Interessen ausleben, sich entfalten – das ist ein Schlüssel zum Glück. So gut wie jede Aktivität kann Flow auslösen. Und wenn der Weg zum Ziel mit Anstrengung bis zur Erschöpfung gepflastert ist, ist das Glücksgefühl umso größer – wenn uns etwas glückt.

10 Tipps

für ein glücklicheres Selbst

1 **Ich nehme mich so, wie ich bin.** Ich mag mich so, wie ich bin. Ich bin wertvoll.

2 **Ich bin verantwortlich für mich.** Ich bin (fast immer) die Ursache von dem, was passiert. Ich sehe in allem, was mir passiert, eine Herausforderung.

3 **Ich ärgere mich nicht mehr über Kleinigkeiten.** Alles, was mich nicht umbringt, sind Kleinigkeiten.

4 **Ich lebe in der Gegenwart.** Nur sie kann ich wahrnehmen und beeinflussen. Es zählt nur das, was gerade passiert.

5 **Ich habe Zeit.** Ich nehme mir Zeit für das, was gerade wichtig ist.

6 **Ich werde so behandelt, wie ich andere behandle und unbewusst behandelt werden möchte.**

7 **Ich kann mich immer verändern –** mehr, als ich je geglaubt habe.

8 **Ich genieße jeden Augenblick meines Lebens –** einfach alles, was mir über den Weg läuft.

9 **Ich bin so glücklich, wie ich bewusst und unbewusst beschlossen habe, glücklich zu sein.**

10 **Ich habe Mut**, mich neuen Situationen und Herausforderungen zu stellen. Und: Ich genieße es.

PARTNERSCHAFT & LIEBE

Geben Sie sich hin, aber pflegen Sie auch Ihre Selbstständigkeit

Sich zu verlieben, ist eine Sache. Das ist relativ leicht.
Sein Leben mit einem Partner zu teilen, ist eine andere Sache. Das ist schwer.
Gute Beziehungen sind so schwer, weil die Liebe einfach kompliziert ist.

Ist das Liebe, wenn mein Partner erwartet, dass wir alles zusammen machen, dass wir keine Geheimnisse mehr voreinander haben? Ist das Liebe, wenn der andere von mir erwartet, dass ich seine Wünsche erraten, ihn ohne Worte verstehen kann? Nein, das ist ein klassischer Fall von romantischer Fehleinschätzung. Aber: **Was ist Liebe?** Eine ewige Frage, tausend Antworten.

Liebe ist die lustvollste Variante des Schwachsinns, sprayte einmal ein Genie an die Wand. Nietzsche sagte ganz pragmatisch: Liebe ist das **Vergnügen**, das zwei Menschen aneinander haben. Liebe ist nur ein Wort, schrieb Simmel. Liebe ist Egoismus zu zweit. Liebe ist ein Jahr Feuer und 30 Jahre Asche, sagen Zyniker. Eine neue Liebe ist wie ein neues Leben, heißt einer von tausend Schlagern, die das Hohe Lied der Liebe besingen. Liebe ist ein **Boogie-Woogie der Hormone**, sagte Henry Miller. Liebe ist im Grunde nur eine chemische Reaktion, weiß Hildegard Knef. Aber es macht Riesenspaß, nach der Formel zu suchen. Liebe ist, wenn einem die Treue Spaß macht, sagte Julie Andrews. Liebesforscher drücken es etwas komplizierter aus: Wer seinem Partner gegenüber Leidenschaft empfindet, also **körperliche Anziehung, romantische Gefühle** und ein **sexuelles Bedürfnis**, wer außerdem intime Nähe sucht, also vertraute **Verbundenheit**, gegenseitiges Verständnis, wer sich dem anderen öffnen kann und wer überdies zur **Bindung** bereit ist – der liebt.

Die Liebe ist ein universales Phänomen: So gewaltig und so flüchtig, so dramatisch und so lächerlich.

> Liebe
> ist die optimale Möglichkeit,
> Momente von Glücksexplosionen
> herzustellen.
>
> **Herbert Grönemeyer**

Wir sehnen uns nach Liebe, sie verzückt. Sie ist verrückt, sie ist schön, so verrückt schön. Wenn wir wollten, könnten wir die Liebe in ihre biochemischen, psychologischen oder neurophysiologischen Bestandteile zerlegen. Aber wer will das? Manche glauben noch immer, sie könnten nur von Luft und Liebe leben. Die Liebe kommt und geht von einem zum andern. Sie nimmt uns alles, doch sie gibt auch viel zu viel, die Liebe ist ein seltsames Spiel.

Sich zu **verlieben** – das ist eine Sache. Sein Leben mit einem Partner zu teilen – das ist eine ganz andere Sache. Liebe ist auf **Nähe** aus, also dichtestmöglichen Kontakt. Liebe ist etwas **Flüchtiges**, sie muss immer erneuert, immer neu hergestellt werden. Liebe ist nichts Statisches, Liebe bedeutet **Auseinandersetzung**, gemeinsames Wachstum, auch wenn die erste Euphorie der Verliebtheit vorüber ist. Liebe bedeutet Arbeit, **Beziehungsarbeit**. Die wenigsten machen sich diese Arbeit noch. Wenn keine Funken mehr sprühen, wird eben eine neue Flamme gesucht. Tatsache ist: In Deutschland werden 40 Prozent aller Ehen wieder geschieden. Tendenz: Steigend, sehr deutlich. Was Erich Fromm beklagte, stimmt unverändert: Trotz der tief verwurzelten Sehnsucht nach Liebe hält man fast alle übrigen Dinge für wichtiger als sie: Erfolg, Prestige, Geld, Macht. Beinahe unsere ganze Energie brauchen wir dazu, um zu lernen, wie man diese Ziele erreicht, und fast nichts verwenden wir, um die **Kunst des Liebens** zu erlernen. Die Sexualwissenschaftlerin Ulrike Brandenburg plaudert aus der Praxis: Wir finden uns als Paare zusammen, weil wir uns lieben. Doch nach einiger Zeit des Zusammenseins merken wir, dass wir gar nicht wissen, wie das geht. Wir tun aber so, als wüssten wir es. Wir glauben sogar, wir müssten so tun, als wüssten wir es.

Bekennen wir uns doch zu **Unsicherheit** und **Angst** bei gleichzeitiger **Sehnsucht**, lassen wir sie zu. Dieser erste Schritt erleichtert, schafft Entlastung, Vertrauen und Sehnsucht und vermindert dadurch den enormen **Leistungsdruck**, der auf unseren Beziehungen lastet.

Liebe ist nicht ein, sondern das einzige Mittel, um glücklich zu werden.

Françoise Sagan

Die Liebe steht noch unter weiterem Druck. Wir suchen Halt. Wir brauchen Halt. Denn das Arbeitsleben, die Wohnwelt, die sozialen Kontakte – alles um uns herum ist instabil geworden.

Ein Soziologe fand einen allzu guten Grund für **erfüllende Liebeskontakte**. Und zwar die »Überhitzung des Privaten innerhalb einer erkalteten Gesellschaft«. Wohl wahr: Wir leben nicht mehr in der Steinzeit. Um sich fortzupflanzen, Nahrung zu beschaffen oder um sich vor Räuberhorden zu schützen, muss keiner mehr **Zweckgemeinschaften** eingehen. Wir können uns jetzt den Luxus **romantischer Liebe** erlauben. Sie ist der Stoff, aus dem unsere Träume sind. Sie ist der Kitt, der unser kompliziertes Leben zusammenhalten soll. Die Liebe wird glorifiziert. Gleichzeitig scheitern unsere Träume an der Realität: Obwohl fast 90 Prozent der Deutschen Liebe und Partnerschaft als Teil eines erfüllten Lebens betrachten, bleiben Hunderttausende allein. Schlimmer noch: Nach einer Forsa-Studie verzichten 44 Prozent der kinderlosen Deutschen auf Nachwuchs, da ihnen der richtige Partner fehlt. Warum? Die Ansprüche der Frauen haben sich geändert. Sie prüfen Männer strenger als früher. Viele stehen im Beruf selbst ihren Mann und sind dadurch unabhängiger als unsere Mütter und Großmütter.

Was die modernen Frauen mit unseren Großmüttern verbindet, ist die Sehnsucht nach der großen Liebe.

> Die Liebe stirbt niemals an Hunger, aber oft an Übersättigung.
>
> **Ninon de Lenclos**

10 Tipps

Wie Sie die Energie in Ihrer Beziehung bewahren

1 Akzeptieren Sie den biologischen Unterschied der Geschlechter und die psychologische Tatsache: Männer sind vom Mars und Frauen von der Venus und treffen sich auf der Erde. Fragen Sie deshalb nach den Spielregeln Ihres Partners.

2 Pflegen Sie Ihre Selbstständigkeit. Statt das Leben komplett in die Hände des anderen zu legen, kultivieren Sie eigene Interessen, Ansichten, Freunde. Finden Sie die Balance zwischen eigenen und Partnerprojekten.

3 Pflegen Sie Humor. Er verbindet und entschärft Konflikte und Krisensituationen. Bringen Sie Ihren Partner öfter zum Lachen.

4 Ziehen Sie keine Parallelen zu Exgeliebten. Ein Partner, der ständig auf dem Prüfstand steht, hat keine Chance und ist sicher genervt.

5 Beleben Sie Ihren Alltag, auch nach der großen Verliebtheit. Schenken Sie dem anderen Aufmerksamkeit, Zuwendung, Kraft und Mut. Drücken Sie Ihre Dankbarkeit aus. Schaffen Sie täglich einen magischen Moment für Ihren Partner.

6 Entwickeln Sie eine stilvolle Streitkultur. Bleiben Sie fair, geduldig, konstruktiv und in Ihren Forderungen realistisch. Verabreden Sie auch, wie Sie ein Streitgespräch abbrechen können. Dies kann sogar verrückt geschehen.

7 Kultivieren Sie ein »Wir-Gefühl«. Setzen Sie sich gemeinsame Ziele für die Zukunft. Kommunizieren Sie viel. Räumen Sie Ihrer Partnerschaft höchsten Stellenwert ein.

8 Pflegen Sie guten Sex. Der beginnt vor der Schlafzimmertür: mit Freiheiten, Vertrauen, Austausch. Und Gelassenheit, wenn mal eine Zeit lang nichts läuft.

9 Installieren Sie eine Fotowand mit schönen Erinnerungen. Dies regt an zu neuen, positiven Erlebnissen.

10 Planen Sie regelmäßig romantische Abende zu zweit. Lassen Sie sich etwas einfallen.

GESUNDHEIT

Gehen Sie klug mit Ihrer Lebensenergie um

Krankheit ist ein Symptom verirrten Lebens. Sie drosselt das Tempo falscher Bewegung, denn verlangsamtes Leben findet den Weg zu sich zurück. Der Körper verweigert sich weiterer Oberflächlichkeit und zwingt das Leben in die Tiefe.

Hans Kruppa

Diese Zeiten sind anstrengend, sehr anstrengend. Von uns wird eine ganze Menge verlangt. Viele Menschen sind im alltäglichen Kampf um Erfolg und Anerkennung überfordert oder überfordern sich selbst. Sie missachten die Signale ihres Körpers. Sie finden nicht die richtige **Balance** für ihr Leben. Sie verbrauchen, sie verplempern, sie verpulvern oft mehr Energie, als zur Verfügung steht. Oder das Gegenteil: Sie schonen sich allzu sehr. Beides, zu viel und zu wenig Belastung, kann auslaugen. Geht es Ihnen nicht auch manchmal so, dass Ihr Tank leer ist?

Energie ist unser **Treibstoff**. Energie ist unsere Lebenskraft. Ohne Energie läuft nicht viel. Nur wenn wir über genügend Energie verfügen, können wir klar denken und handeln und unsere Ziele erreichen. Wenn nicht, sinkt die **Lebensqualität**. Die Rechnung ist einfach: Wenig Lebensenergie bedeutet wenig Leistungsfähigkeit und Lebensfreude, **viel Lebensenergie bedeutet hingegen viel mehr Lebensfreude**. Das Problem: Lebensenergie lässt sich nicht direkt messen, allenfalls erleben wir die Auswirkungen.

Gehen Sie mal zu Ihrem Hausarzt und fragen Sie ihn, wie Sie Ihre Lebensenergie stärken können. Der wird sagen: Wie bitte? Denn der Begriff Lebensenergie kommt in der Ausbildung an der Universität nicht vor. Vielleicht wird Ihnen ja Ginseng verschrieben, die vitalisierende Wurzel. Doch das allein reicht natürlich nicht.

Nein, Lebensenergie lässt sich nicht vom Onkel Doktor verordnen oder als Pille schlucken – ebenso wenig wie Gesundheit. Lebensenergie ist die Kraft, die uns gesund macht und gesund erhält. Wir wissen, je mehr Lebensenergie wir haben, desto **gesünder, ausgeglichener, glücklicher** sind wir. Wir wünschen uns mehr Menschen in der Nähe, die uns positiv aufladen.

Neun Zehntel unseres Glücks allein beruhen auf der Gesundheit.

Arthur Schopenhauer

Gesundheit ist gewiss nicht alles, aber ohne Gesundheit ist alles nichts.

Arthur Schopenhauer

Wir suchen mehr Situationen, die uns Energie geben, statt welche zu schlucken. Wir sehnen uns nach dieser grenzenlosen Energie, die uns mit Leichtigkeit erfüllt. Leider bleibt es oft nur bei der Sehnsucht, denn unsere Lebensenergie wird allzu oft vom Alltag aufgefressen: Von **Zwängen**, in die wir uns (oft freiwillig) begeben. Von verbissenem **Ehrgeiz**, den wir uns selbst aufzwingen. Von **Ängsten**, die wir zulassen. Von **fordernden Menschen** und **unglücklichen Beziehungen** – lauter Energiefresser, die wir nicht zulassen dürfen und müssen.

Unsere Energiebilanz ist ein Balanceakt zwischen Input und Output, Anspannung und Entspannung. Das **Gleichgewicht** muss stimmen zwischen Belastung und Befriedigung, zwischen Arbeit und Freizeit. Auch zwischen Gefühl und Verstand. Und: Wie viel Energie wir abgeben und aufnehmen. Wenn wir über reichlich Lebensenergie verfügen, geht es uns richtig gut. Wir spüren Glück und Befriedigung. Wenn wir zu wenig Energie haben, empfinden wir Mühe, Verzagtheit und Frustration. Jeder hat es selbst in der Hand. Werden Sie aktiv. Wecken Sie die Energie. **Entspannen Sie für neue Vitalität.** Spaß an der Bewegung, gesunde Ernährung, Entspannung und konstruktives Denken – das ist die Basis für ein besseres Lebensgefühl und **mehr Energie fürs Leben**. Eine einfache Wahrheit, doch es gibt kein besseres Rezept.

Wer in Maßen Sport treibt, lebt statistisch gesehen drei bis sechs Jahre länger als unsportliche Zeitgenossen. Wer sich fit hält, senkt den Blutdruck, fördert die Produktion von »gutem« Cholesterin, stärkt das Immunsystem und auch seinen erotischen Appetit. Vor allem aber hilft regelmäßige Bewegung, um die gesamte Lebenszeit leistungsfähiger und gesünder genießen zu können. Gesundheit und Lebensenergie lassen sich

Die besten Ärzte der Welt sind Dr. Essen, Dr. Ruhe und Dr. Fröhlich.

Jonathan Swift

Laufen

Sie nicht mit Ihrer Gesundheit dem Geld
hinterher, um später mit dem Geld Ihrer Gesundheit
hinterherlaufen zu müssen.

GÜNTER F. GROSS

mit einem Bankkonto vergleichen: Man kann jeden Tag davon abheben, man kann es auch überziehen. Aber eines Tages muss man alles zurückzahlen – mit Zins und Zinseszins.

Bestimmt kennen Sie dieses Statement des Bedauerns: Alles, was Spaß macht, ist entweder unmoralisch oder macht dick. Aber es ist Quatsch. Gesund ist, was Spaß macht. Wohlbefinden und Gesundheit – das ist vor allem auch Einstellungssache. **Gesund durch Lebensfreude.**

Schöne Klänge, verlockende Gerüche, delikate Speisen, Sinn für die kleinen und großen Freuden des Alltags: Längst verbuchen Experten Großzügigkeit, Gelassenheit und spontane Genüsse unter dem Begriff **neue Stimmungsmedizin**. Denn all das wirkt auf Körper und Seele wie ein innerer Gesundheitsregler, der uns Krankheiten vom Leibe halten kann.

Der Kölner Immunologe Professor Gerhard Uhlenbruck bringt es mit Humor auf den Punkt: »Gesundheit resultiert aus niedrigem Blutdruck und einem größeren Schlafbedürfnis (wer nicht schläft, sündigt), einem etwas erniedrigten Intelligenzquotienten (damit man sich nicht zu viele Krankheiten einbildet), einer gewissen Sturheit (um sich die Mitmenschen, die einen nerven, vom Hals zu halten) sowie der unglaublichen Lebenslüge, man sei ein guter, erfolgreicher und liebenswerter Mensch.«

1

Bringen Sie reichlich Bewegung in Ihr Leben. Ideal ist Ausdauersport wie Laufen (drei- bis viermal pro Woche rund 30 Minuten), Nordic Walking, Rad fahren. Achten Sie dabei auf den richtigen Pulsbereich.

4

Trinken Sie pro Tag zwei bis drei Liter Flüssigkeit. Alkohol, Kaffee, Milch und Colagetränke zählen nicht dazu.

7

Verwöhnen Sie sich selbst. Gönnen Sie sich von Zeit zu Zeit, worauf Sie Lust haben, inklusive Süßes und Wein – aber behalten Sie die Kontrolle.

10

Geben Sie sich Tagträumereien hin: z. B. bewusst die Natur betrachten … und beobachten.

13

Suchen Sie mehr Körperkontakt: liebevolle Berührungen, Massagen – auch erotische.

15 Tipps für ein gesundes Wohlgefühl

Ernähren Sie sich ausgewogen und vollwertig. Essen Sie viel Obst, Gemüse und Salat. Meiden Sie Fett.

Wenn Sie essen, **konzentrieren Sie sich auf das Essen**. Lassen Sie sich Zeit.

Verzichten Sie auf Nikotin. Denn: Nur drei Züge verursachen eine Gefäßverengung. Das Gehirn bekommt ein Drittel weniger Sauerstoff.

Lachen Sie so oft wie möglich. Weinen Sie, wenn nötig. Tränen reinigen die Seele.

Leben Sie mit den Jahreszeiten: im Frühling z. B. Spaziergänge und Fahrradtouren, im Sommer Picknicks und Badespaß, im Herbst Windspiele und Spaziergänge, im Winter Kuscheln und Schneemänner bauen.

Pflegen Sie Ihre Hobbys – töpfern, malen, Gartenarbeit. Etwas aus Muße tun, nur weil es Spaß macht, das ist das Geheimnis echter Erholung.

Genießen Sie spontan **die kleinen Freuden des Lebens:** spielen, schmökern, schmusen, herumalbern, faulenzen.

Toben Sie mit Kindern, tollen Sie mit Tieren (auch Einstein spielte mit seinem Hund).

Schlafen Sie ausreichend (sieben bis acht Stunden täglich).

Ignorieren Sie die schlechten Launen und Meinungen anderer Leute.

ZEITSOUVERÄNITÄT

Wenn Sie es eilig haben, dann gehen Sie langsamer!

Bestimmen Sie selbst die Drehzahl Ihres Lebens. Wer das Leben liebt, sollte keine Zeit vergeuden. Denn Zeit ist der Stoff, aus dem unser Leben gemacht ist. Und heute ist der erste Tag vom Rest Ihres Lebens.

Till Eulenspiegel, der mittelalterliche Narr, war unterwegs zur nächsten Stadt. Auf schlechter Straße wurde der Müßiggänger von einer Kutsche überholt. Der Kutscher, der es offenbar äußerst eilig hatte, fragte: »Wie weit ist es bis zur nächsten Stadt?« Eulenspiegel antwortete: »Wenn Ihr langsam fahrt, eine halbe Stunde – wenn Ihr schnell fahrt, einen halben Tag, mein Herr.« »Du Narr«, schimpfte der Kutscher unwirsch und donnerte los. Nach einer Stunde traf Till den ungeduldigen Kutscher wieder. Er fluchte wie wild, seine Kutsche lag im Straßengraben. »Sagte ich es nicht«, meinte Till Eulenspiegel, »wenn Ihr langsam fahrt, eine halbe Stunde …«.

Gott hat uns die Zeit gegeben, von Eile hat er nichts gesagt.

Wir sind langsam zu schnell. Die Wirtschaft steckt im Temporausch. Wir sind, was Soziologen »galoppierende Genießer« nennen. Eine gehetzte Gesellschaft, stolz auf Zeitsparerfindungen. Wir hetzen, drängeln, rennen und wundern uns, wenn wir am Ende doch keine Zeit gewinnen. Im Gegenteil. In modernen Zeiten vergeuden wir gewonnene Zeit mit Schlangestehen und Parkplatzsuche. Wir müssen für unseren Computer erst über 100 Seiten Gebrauchsanleitung durchackern. Der Volkswirtschaftler Nicholas Georgescu-Roegen nennt das den »Teufelskreis des Rasierapparates«: »Ich rasiere mich schneller, damit ich mehr Zeit habe, eine Maschine zu erfinden, mit der ich mich schneller rasieren kann, damit ich mehr Zeit habe …«

Keine Zeit. Sogar in der **Frei-Zeit** schalten wir nicht ab. Wir finden es in Ordnung, wenn wir per Handy allzeit erreichbar sind, selbst dann noch,

> In Athen oder Kairo macht die Zeit im Kaffeehaus nicht mehr ticktack, sondern mmh.
>
> **Peter Glaser**

Nimm dir Zeit ...

... zum Arbeiten ...

... zum Spielen ...

... zum Nachdenken ...

... zum Entdecken ...

... zum Meditieren ...

... für deine Freunde ...

... zum Lieben ...

... zum Träumen ...

... zum Lachen ...

... zum Planen ...

das ist der Preis für den Erfolg.

das ist die Freude der Jugend.

das ist die Quelle der Kraft.

das ist das Fundament des Wissens.

nirgends kannst du weiter sehen als in deinem Geist.

das ist die Quelle des Glücks.

das ist der wahre Reichtum des Lebens.

das zieht die Seele zu den Sternen hinauf.

das ist Musik für die Seele.

denn **dann hast du auch Zeit** für die anderen Dinge
in deinem Leben.

Unbekannter Verfasser

wenn Muße vorgesehen ist, im Museum oder beim Spazierengehen. Für das Städte-Hopping ertragen wir gottergeben Staustress. Einer aus der Tempogeneration sprayte den ganzen Widersinn an die Wand: *Ich weiß nicht wohin, aber ich bin schneller dort.* Viele wissen zwar noch nicht einmal, wo es langgeht, aber sie beeilen sich trotzdem. Haben Sie mal nachgerechnet, wie viel **Lebenszeit** Ihnen noch bleibt? Tun Sie das mal. Da wird deutlich: Mir bleibt gar nicht mehr so viel Zeit, jedenfalls nicht unendlich viel.

Tun wir nicht vieles gedankenlos? Ist nicht vieles davon sinnlos? Machen wir allzu viel nicht aus purer Gewohnheit? Tut uns das, was wir da tun oder mit uns machen lassen, wirklich gut? Empfinden wir unsere Jahre nicht oftmals als ein einziges Rattenrennen? Leiden wir nicht an der ständig steigenden Drehzahl unseres Lebens, an diesem Wunsch nach chronischer Abwechslung? Überladen wir uns nicht oft mit überflüssigem Krempel oder Terminen? Finden wir wirklich keine freie Minute mehr, oder nehmen wir uns nur zu wenig Zeit? **Zeitnot** scheint schon so alltäglich, dass wir uns viel zu selten die Mühe machen, nach den Ursachen zu fragen. Bin überlastet, basta. **Lassen Sie sich nicht länger hetzen**, von der Uhr tyrannisieren. Zum Glück wächst jetzt langsam die Zahl jener, die erkennen, dass mehr Hektik, mehr Unterhaltung, mehr Konsum nicht automatisch mehr Zufriedenheit oder gar Glück bescheren muss. Das neue Zauberwort heißt: **Downshifting**.

Wieder einen Gang runterschalten. Denn wer zu schnell fährt, fliegt irgendwann aus der Kurve. Allerdings: Wer abrupt bremst oder allzu sehr schleicht, kann Opfer eines Auffahrunfalls werden. Wir sollten unserem Leben nicht die Dynamik nehmen, aber wir müssen das für uns richtige Tempo finden. Vergegenwärtigen Sie sich immer wieder: **Heute ist der erste Tag vom Rest meines Lebens.** Eine schlichte, aber wichtige Einsicht. Was zählt, ist der Augenblick. Zeit ist Leben; Geld und Gesundheit können zurückkommen, zumindest teilweise. Zeit ist jedoch für immer verloren. Genau genommen ist auch das Modewort **Zeitmanagement** Unsinn. Wir können die Zeit nämlich nicht managen. Nur uns selbst – und wie wir mit unserer Zeit umgehen.

> Es ist nicht wenig Zeit, die wir haben, sondern es ist viel, die wir nicht nützen.
>
> **Seneca**

15 Tipps für »mehr Zeit«

1 **Ermitteln Sie Ihre individuelle Leistungskurve** (Höhepunkt oft vormittags). Erledigen Sie hier, was wichtig ist und die meiste Konzentration erfordert.

2 **Setzen Sie Prioritäten.** Wichtig und dringend (A); wichtig, aber nicht dringend (B); dringend, aber nicht wichtig (C). Erledigen Sie zuerst das, von dem viel abhängt.

3 **Konzentrieren Sie sich auf Ihre Stärken,** auf Dinge, die Sie gut können und die Ihnen Spaß machen. Delegieren Sie den Rest möglichst ab.

4 **Identifizieren Sie Ihre Zeitfresser.** Kontrollieren Sie regelmäßig, wofür Sie viel Zeit verwenden bzw. verschwenden, und bauen Sie diese ab.

5 **Machen Sie sich Ihre Ziele deutlich:** Was will ich eigentlich erreichen? Was ist mir besonders wichtig? Dafür sollten Sie Zeit investieren.

6 **Sagen Sie öfter Nein!** Kein anderes Wort verschafft Ihnen mehr Zeit als der gezielte Einsatz von Nein!

7 **Planen Sie schriftlich.** Notieren Sie alle Ihre Aktivitäten, Termine und Aufgaben in Ihren Zeitplaner. Planen Sie immer den nächsten Tag schon am Vorabend. Das Unterbewusstsein stellt sich darauf ein und arbeitet vor.

8 **Schaffen Sie Arbeitsblöcke.** Wer große Aufgaben unterbricht, braucht mehr Zeit und Energie. Wer kleinere und ähnliche Aktivitäten zu einem Arbeitsblock zusammenfasst, schafft sich neue Spielräume.

9 **Werden Sie ein »Leertischler«.** Alles, was Ihr Auge erfasst, bindet die Aufmerksamkeit Ihres Gehirns. Ergebnis: Arbeitsenergie, Motivation und Konzentration werden blockiert.

10 **Ziehen Sie abends Bilanz:** Was war gut? Was hat mich meinen Zielen näher gebracht? Auf was hätte ich heute verzichten können?

GENUSS

Kosten Sie Ihr Leben aus – jeden Tag, jede Stunde, jede Minute

Es gibt zwei hohe Ziele im Leben: Erstens, das zu bekommen, was man wünscht. Und zweitens, es zu genießen. Nur den Klügsten gelingt Letzteres. Logan P. Smith

Wie habe ich damals die schöne Zeit im Urlaub genossen. Am Wochenende werde ich vielleicht mal wieder ein schönes Buch genießen. Wenn ich meine Schulden los bin, ja, dann kann ich mein Leben genießen. Wenn ich erst mal Rente bekomme, dann will ich meine freie Zeit so richtig genießen. Kennen Sie solche Sprüche? Von anderen? Und vielleicht von sich selbst? Schluss damit – je eher, desto besser!

Leben in der Vergangenheit macht alt und hält von der Lebendigkeit im Jetzt ab. Und ebenso verhält es sich mit den Projektionen in die Zukunft: Sie berauben uns der Möglichkeit, im wirklichen Leben mitzumischen.

Es kommt darauf an, das Leben jetzt zu genießen! Heute. In einem Interview fand sich ein kluger Gedanke: Meiner Ansicht nach ist die Welt für mich geschaffen, nicht ich für die Welt. Mein Grundsatz ist es daher, sie zu genießen, solange ich kann. Soll die Zukunft sich um sich selbst kümmern. Genau. Genuss ist eine Sache des Augenblicks. **Kosten Sie den Moment aus.** Genießen Sie jeden Tag, als wäre es ihr letzter, statt darauf zu hoffen, dass sich morgen günstige Gelegenheiten ergeben. Genießen Sie das, was Sie gerade tun! Übrigens: Genuss ist etwas Urmenschliches. Zwar entwickelte sich unser Gehirn in Millionen von Jahren zu einem unglaublich komplizierten Denkorgan. Aber die Basisprogrammierung ist wie einst: Schmerz vermeiden, Lust gewinnen. Also nochmal: Genießen Sie das, was Sie gerade tun! **Widmen Sie sich immer nur einer Sache** – dann aber voll und ganz. Selbst wenn sie ganz simpel ist. Sie können

Es ist besser, Genossenes zu bereuen, als zu bereuen, dass man nichts genossen hat.

Giovanni Boccaccio

Die meisten laufen so sehr dem Genuss nach, dass sie an ihm vorbeilaufen.

Sören Kierkegaard

dabei interessante Erfahrungen und Entdeckungen machen. Wenn Sie mit einem Kind spielen, spielen Sie. Mit Hingabe. Da können wir viel von Kindern lernen. Die beherrschen diese Kunst: Sie spielen, leben, sie genießen ganz im Hier und Jetzt. Wenn Sie einen Apfel essen, betrachten Sie ihn genau und essen Sie ihn mit Bedacht. Wenn Sie Wein trinken, versuchen Sie die Finessen des Weines zu erschmecken. Wenn Sie Zeitung lesen oder ein Buch, lesen Sie mal langsam und laut. Vielleicht sind solche Momente nicht das große Glück. Aber ein kleines Glück, bewusst genossen, ist großartig. Denn Glück ist im Prinzip nur die Summe vieler kleiner Glücksmomente. Eine laue Sommernacht, ein Spaziergang am Meer, Sternschnuppen zählen; ein frisch bezogenes Bett, Samt auf der Haut, eine Yogastunde, eine Steuerrückzahlung, ein Wettlauf mit dem Hund, einen Kater überstanden haben. Lauter **Momente zum Genießen**. Ein Flirt im Flugzeug, ein Gespräch am Lagerfeuer, blühende Phantasie, keimende Verliebtheit, eine Berührung. Einen schönen Rotwein dekantieren, ein Löffel luftige Zabaione, selbst gezauberte Sushi, eine dicke Leberwurststulle.

Bleiben wir beim Essen. Gemeinsam kochen, fröhlich genießen – wo findet man das noch? Fast Food, Kantinenfutter, Singles, die Fertigprodukte in der Mikrowelle aufwärmen – das ist leider die Realität. Essen hat selten noch etwas Feierliches, es verkommt häufig zur Nebenbeimümmelei: Beim Fernsehen, im Stehen,

WER NICHT GENIESST, WIRD UNGENIESSBAR!
WER NICHT GENIESST, WIRD UNGENIESSBAR!
WER NICHT GENIESST, WIRD UNGENIESSBAR!
WER NICHT GENIESST, WIRD UNGENIESSBAR!
WER NICHT GENIESST, WIRD UNGENIESSBAR!
WER NICHT GENIESST, WIRD UNGENIESSBAR!
WER NICHT GENIESST, WIRD UNGENIESSBAR!
WER NICHT GENIESST, WIRD UNGENIESSBAR!
WER NICHT GENIESST, WIRD UNGENIESSBAR!

beim Telefonieren. Nur Feinschmecker machen noch den feinen Unterschied zwischen essbar und genießbar. Dabei spielt Genussfähigkeit beim Essen so eine wichtige Rolle fürs **Wohlbefinden**. Was wir essen und wie wir essen, wirkt sich auf unsere Stimmung, auf die Schönheit, auf unsere körperliche Fitness aus. Ein besonderes Kapitel sind jene Genussmittel (Süßigkeiten), die aber direkt ein schlechtes Gewissen auslösen. Unsere **kleinen Sünden** können durchaus gesund sein. Sie sind ein wichtiges Ventil in der Stressfalle, sie sind bei Leistungsdruck Belohnung und bieten ein bisschen Lebensgenuss, sie stabilisieren sogar das Immunsystem. Gönnen Sie sich also zwischendurch kleine Gaumengenüsse. Wichtig dabei: **Genuss ohne Reue**. Alles, was verboten ist, gewinnt an Reiz. Und leitet eventuell nur Heißhunger ein. Studien beweisen: Wer sich etwas verbietet, isst es trotzdem – und viel mehr davon. Von Zeit zu Zeit ein Gläschen Wein oder Bier ist kein Problem. Viele werden durch Alkohol lockerer. Und Schokolade und die anderen süßen Leckereien sind nicht nur Kalorien-, sondern manchmal auch **Stimmungsbomben**. Bestimmte Botenstoffe (Serotonin, Endorphine) wirken wie Wohlfühlsubstanzen, sie aktivieren die Lust- und Belebungszentren des Gehirns. Wie gesagt: Alles ist gut, wenn wir es in Maßen und nicht mit gedankenloser Regelmäßigkeit genießen.

> Gewohnheit verwandelt den luxuriösen Genuss in langweilige tägliche Bedürfnisse.
>
> **Aldous Huxley**

5 Tipps für Genießer

1 **Genießen Sie sofort,** was immer Sie können und wann immer Sie es können, denn für Genuss müssen Sie sich aktiv entscheiden.

2 **Kultivieren Sie das, was Ihnen Genuss verschafft.** Erweitern Sie ständig Ihr Wissen, denn Genuss ist eine ganz persönliche Sache.

3 **Lassen Sie sich beim Genießen nicht hetzen,** ablenken oder stören, denn Genuss braucht Zeit.

4 **Aktivieren Sie, während Sie genießen, alle Sinne,** denn Genuss ist eine Frage der Fantasie.

5 Schieben Sie zuweilen mal einen Genuss auf, **genießen Sie die Vorfreude,** denn ein seltener Genuss erhöht das Vergnügen.

WISSEN

Hören Sie nie auf zu lernen – Wissen steigert Ihren Selbstwert und macht Spaß

Eine Investition in Wissen bringt immer noch die besten Zinsen – was US-Präsident Benjamin Franklin schon vor 200 Jahren wusste, ist heute aktueller denn je. Wissen ist heute unser wichtigster Rohstoff.

Können und Kompetenz? Fehlanzeige. Es geht manchmal – auch ohne. In zahllosen TV Casting-Shows können wir erleben, wie Superstars aus dem Boden schießen. So genannte Normalos verwandeln sich in null Komma nichts in schrille Popstars – da kann man über ihre gesanglichen Qualitäten streiten, so viel man will. Oft ist es nicht das Talent, sondern der Unterhaltungswert, der Mister Nobody zum neuen Teenie-Idol werden lässt. Stimmt der Vermarktungsfaktor, ist der Weg in die Charts nicht mehr weit – Stimme hin oder her. Binnen weniger Wochen wird ein ehemaliger Azubi zum heiß begehrten Star. Heerscharen von Mädchen beten ihn an wie eine Ikone. Wen interessiert es, dass die Stimme des neuen Superstars fatale Ähnlichkeit mit Micky Maus hat? Er landet einen Nummer-Eins-Hit, sein Leben erscheint als Buch, Werbeverträge mit satten Gagen winken. Die erste Million hat er in der Tasche, bevor er es selbst richtig glauben kann.

Sicher eine Bilderbuchkarriere für jemanden, der im Grunde nichts Besonderes kann. Aber bestimmt eine Ausnahme und meist nicht von langer Dauer. Denn auch in Zeiten der Spaßkultur zählt das Wissen. **Wissen ist Macht** – eine Binsenweisheit, die damals wie heute gilt.

Lernen ist wie Schwimmen gegen den Strom.
Sobald man aufhört, treibt man zurück.

Na gut, manche witzeln: Nichts wissen macht auch nichts. Doch Wissen beschert Spaß. Wissen bereichert das Leben. Der alte Merian prägte mal einen schönen Satz: **Du siehst nur, was du weißt.** Jeder von uns hat das sicher schon auf Reisen erlebt. Wie Banausen laufen wir achtlos an Sehenswürdigkeiten vorbei – wenn wir nichts darüber wissen. Wenn wir von einer Sache wenig wissen, wollen wir meist nichts davon wissen, weil wir den wahren Wert nicht erkennen können. **Wissen ist wie Licht ins Dunkel bringen.** Wissen heißt, das Wesentliche vom weniger Wichtigen unterscheiden können. Wenn wir das nicht können, verlieren wir die Maßstäbe. Wenn wir etwas wissen, wenn wir nicht nur eine gewisse Ahnung davon haben oder nur glauben, es zu wissen, dann spüren wir eine **innere Sicherheit.** Selbst wenn es nur profundes Halbwissen ist, stehen wir noch auf einigermaßen festem Fundament. Kennen Sie die kleinste Fabrik der Welt? Sie ist gerade mal 20 mal 20 Zentimeter groß, aber sie ist eine unerschöpfliche Produktionsstätte. Sie kann praktisch alles erzeugen. Komplizierte Computerprogramme oder ganz einfach nur schöne Träume, die auch realisiert werden können.

Jeder, auch Sie, sind Besitzer so einer kleinen Fabrik mit ungeheurem Potenzial. Sie sitzt zwischen Ihren Ohren – diese fantastische Denkfabrik. Sie verfügen über ein großes Kapital: Millionen, ja sogar Milliarden von Gehirnzellen. Und die arbeiten mit dem Rohstoff Know-how, den sie zu neuem Wissen verarbeiten können. Ja, Sie können ständig neues Wissen produzieren. **Wissensdurst ist die flüssige Form von Bildungshunger.** Wissen macht sicher. Vorsprung ist nur durch Wissen möglich. Nur wer bereit ist zu lernen, ist auf dem Weg zur persönlichen Meisterschaft. Aber Lernen ist kein Zuschauersport, sondern eine Mitmachdisziplin. Alle erfolgreichen Menschen ergänzen deshalb ständig ihr Wissen.

Wissen bedeutet zu erkennen, dass du es weißt, und, wenn du etwas nicht weißt, zu erkennen, dass du es nicht weißt. Das ist Wissen.

Konfuzius

Es ist nicht genug zu wissen,
man muss es auch anwenden.
Es ist nicht genug zu wollen,
man muss es auch tun.
Goethe

Ein Mensch ohne Bildung ist wie ein Spiegel ohne Politur.

Je mehr Sie wissen, je mehr Sie dazulernen, je mehr Wissen Sie sich aneignen, umso mehr entwickeln Sie Ihre individuellen Fähigkeiten. Das lässt Ihr Selbstvertrauen wachsen – und Ihren Marktwert. Erfolgreiche Menschen sind **offen für Neues und Veränderungen.** Mensch, du bist ja ganz der Alte geblieben. Wenn Sie so einen Satz hören, vielleicht von einem Freund, der Sie lange nicht gesehen hat, ist das sicher gut gemeint. Aber so ein Kompliment sollte Sie stutzig machen. Da klingt nämlich auch Stillstand mit. Erfolgreiche Menschen entwickeln sich permanent. Sie sind bereit, aus den Erfahrungen der Vergangenheit zu lernen. Sie haben den Mut zum Wandel. Sie lernen dazu. Gerne. Immer. Für sie ist **das Leben ein lebenslanger Lernprozess.** Die wirklich Gebildeten sind Menschen, die gelernt haben, ihr ganzes Leben hindurch weiterzulernen. Mit Spaß und Gewinn. Es heißt ja auch: Ein Mensch ist die Summe aller Bücher, die er gelesen hat.

Eine strenge und unumstößliche Regel, was man lesen sollte und was nicht, ist albern. Man sollte alles lesen. Mehr als die Hälfte unserer heutigen Bildung verdanken wir dem, was wir nicht lesen sollten.

Oscar Wilde

7 Tipps

Wie Sie bestens im Bilde sind

1 **Lesen, lesen, lesen.** Lesen Sie Biografien, lesen Sie Fachliteratur, lesen Sie positive und aufbauende Literatur. Lernen Sie aus den Erfahrungen anderer. Lesen Sie möglichst jeden Monat ein Buch.

2 **Lesen Sie mit einem Marker.** Durch persönliche Anmerkungen und Wiederholung lässt sich das, was für Sie wichtig ist, vertiefen und verankern.

3 **Lassen Sie sich Bücher empfehlen** von Leuten, die Sie schätzen. Bauen Sie sich eine kleine, persönliche Bibliothek auf. Lesen macht sich bezahlt: Es ist die beste Investition in die Zukunft.

4 **Hören Sie Audioprogramme** während langer Autofahrten oder beim Joggen. So können Sie sich nebenbei nützliches Wissen aneignen, ohne zusätzlichen Zeitaufwand.

5 **Besuchen Sie Seminare.** So können Sie sich aus dem Alltag ausklinken und auf eine interessante Weise neue Denkanstöße und Kontakte gewinnen.

6 **Fragen, fragen, fragen.** Haben Sie keine Angst, Fragen zu stellen. Was Sie selbst erfragt haben, prägt sich am besten ein.

7 Übernehmen Sie Verantwortung, und **gestalten Sie aktiv Ihr Umfeld**. Lernen Sie interessante Menschen kennen. Denn jede Begegnung beeinflusst Sie.

LEBENSFREUDE

Lassen Sie mehr Lebensfreude und Abenteuer ins Leben

Wir kennen sie alle, solche Menschen, die sozusagen jeden Tag in den Kampf ziehen. Die dem Spötter Schopenhauer Recht geben, der einst sagte, das Leben sei »ein Pensum zum Abarbeiten«. Das ist schade.

Ja, es ist schon schade, wenn Menschen das Leben als einzigen **Existenzkampf**, als freudlosen Überlebenskampf betrachten. Machen wir mal einen Ausflug in die Zukunft. Also, Sie legen sich jetzt hin – legen Sie sich gedanklich schon mal aufs Sterbebett. Und jetzt blicken Sie auf Ihr Leben zurück. Was werden Sie sich fragen? Habe ich genug geleistet, genug Geld verdient? Habe ich auch reichlich Besitz angehäuft? Wofür ist das jetzt gut? Was nützt mir das in diesem Moment? Vielleicht stellt sich Ihnen jetzt eine ganz andere Frage: **Wofür hat es sich gelohnt zu leben?** Was hat mein Leben lebenswert gemacht? Hatte ich genug Spaß in meinem Leben?

> Das Leben ist entweder ein aufregendes Abenteuer oder nichts.
>
> Helen Keller

Das Leben ist ein Spiel – sehen wir es doch mal so. Dafür gibt es jede Menge kluge Fürsprecher. Das Leben ist ein Spiel, in dem Gott die Karten mischt, der Teufel abhebt und wir die Stiche machen müssen, sagt der slawische Volksmund. Das Leben ist ein Spiel. Man macht keine größeren Gewinne, ohne Verluste zu riskieren, erkannte Christina von Schweden. Das Leben ist ein Spieltisch. An ihm vergnügt man sich in dem Maße, als man ein gewagtes Spiel treibt, schrieb Prosper Mérimée. Wenn wir das Leben als Spiel betrachten, könnten wir die Dinge um uns herum auch nur als »Spielsachen« sehen, die dafür da sind, damit das Spiel Spaß macht: Auto, Geld, Grundbesitz, Partner. Nichts gehört uns wirklich. Morgen könnte alles weg sein. Alles nur auf Zeit geliehen, glauben philosophisch Denkende. Wenn das so ist, können wir auch nichts verlieren, uns aber sehr wohl an den Dingen erfreuen. Überlegen Sie mal: Wann sind Sie besonders gut im Spiel? Spitzenleistungen lassen sich vor allem aus einem Zustand von Freude, Begeisterung

Die Arbeit läuft nicht davon, während du dem Kind den Regenbogen zeigst. Aber der Regenbogen wartet nicht. **Paul Heyse**

und Hingabe erzielen. Menschen, die aus Angst oder unter Druck handeln, nutzen nur maximal 60 Prozent ihrer Möglichkeiten. Bringen Sie also mehr Spaß ins Spiel Ihres Lebens. Wenn Sie das **Leben als Spiel** anerkennen können, ändert sich auch die Perspektive für Probleme. Sie werden sich weniger aufregen. Denn Probleme sind die Würze fürs Spiel, machen es reizvoller. Was, wenn der gegnerische Spieler ein Tor macht? Beschwere ich mich? Nützt nicht viel. Besser jetzt ran, um selbst Tore zu schießen. Dann erleben wir: Je größer der Gegner, das Problem, desto größer auch die Freude, das Glücksgefühl – und das Selbstvertrauen, das sich daraus entwickelt. Sehen Sie das **Leben als Abenteuer**. Lassen Sie sich auf Abenteuer ein. In uns wohnt eine tiefe, starke Sehnsucht. Unbekannte Herausforderungen, unberührte Gegenden, unheimliche Gefahren – all das fasziniert uns sonderbar. Wir nennen diese Sehnsucht Abenteuerlust. Viele träumen nicht nur von verrückten, spannenden Abenteuern, viele sind auch bereit, dafür unglaubliche Anstrengungen, Unannehmlichkeiten und Kosten in Kauf zu nehmen. **In jedem von uns steckt ein Abenteurer.** Abtauchen aus der zivilisierten Welt, eintauchen in fremdes Terrain – ins ewige Eis, auf Berge, in die Wüste, in den Wilden Westen; ganz allein, zu zweit, mit Freunden, Zufallsbekanntschaften oder in einer Gruppe Gleichgesinnter. Hauptsache Abenteuer. Sind Abenteurer lauter Irre? Oder steckt in jedem von uns ein kleiner Seewolf, ein Jack London und Indiana Jones? Oder sind wir einfach zu verwöhnt? Nein. Die Lust auf Abenteuer ist urmenschlich. Stimmt, ein Abenteuer ist immer auch ein **Ausbruch aus der Alltäglichkeit**, aus dem abgesicherten Wohlstand, um den wir so lange gekämpft haben. Wir sind wieder für körperlichen Einsatz in der Natur aufgeschlossen, weil wir unsere eigene Natur (wieder)entdecken,

Wenn du an dir nicht Freude hast, die Welt wird dir nicht Freude machen.

Paul Heyse

unsere Ressourcen spüren wollen. Jedes Abenteuer ist also auch eine Art persönliche Gegenstrategie in dieser ziemlich verplanten und verwalteten, »fremdbestimmten« Welt. Sich auf Abenteuer einlassen, bedeutet: Den Wunsch zu haben, die eigenen Fähigkeiten kennen zu lernen, die Chance, die eigenen Grenzen zu suchen, die Spannung, diese Grenzen zu überwinden, die Lust, sich in extremen Situationen selbst zu erfahren. Wir Menschen sind schon eine sonderbare Gattung. Wir fürchten uns vor Krankheit, Gefahren und vor allem vor dem Tod. Ja, und wir lieben unseren Komfort und das sichere, bequeme, wohlgeordnete Leben.

Andererseits sind wir aber auch lustorientiert. Wir suchen und wir brauchen Abwechslung, Stimulation. Deshalb lieben wir Gefahren und Abenteuer. Nicht trotz des Risikos, sondern wegen des Risikos. Risiko erregt uns.

Aktivität ist der einfache, Abenteuer der besondere Weg zum Glück.

Bertrand Russell

Lebensfreude ist eine Eigenschaft, durch die wir besser werden.

Heinrich von Stein

Zehn Fragen, die sich jeder stellen sollte:

Was macht mir Spaß in meinem Leben?

Wie kann ich die Dinge, die mir keinen Spaß machen, abgeben oder delegieren?

Was macht mein Leben lebenswert?

Was will ich in meinem Leben erreichen?

Wie kann ich auf meinem Weg Spaß empfinden, besser noch »wilden« Spaß?

Wie kann ich mehr Freude, Begeisterung und Hingabe in mein Verhalten legen?

In Gesellschaft welcher Menschen empfinde ich Spaß und Lebensfreude?

Welche Herausforderungen lassen mich wachsen?

Welchen Abenteuern werde ich mich in Zukunft stellen?

Welche Fähigkeiten muss ich mir dafür noch aneignen?

7 Tipps wie Sie mehr Spaß ins Leben bringen

1 **Seien Sie Sie selbst.** Stehen Sie zu sich. Tun Sie, was Sie für richtig halten. Irgendeiner kritisiert immer, egal ob Sie und wie Sie was tun.

2 **Respektieren Sie die Tatsache, dass nicht jeder Tag glanzvoll sein kann.** Hochs und Tiefs sind natürlicher Teil des Lebens.

3 **Lernen Sie, aus allem, was Sie tun, Freude zu schöpfen.** Wenn das unmöglich erscheint, wenden Sie das So-tun-als-ob-Prinzip an. Mit der Zeit wird sich das Gefühl von Spaß schließlich einstellen.

4 **Suchen Sie immer nach einem konstruktiven Ansatz:** Was ist das Positive dieser Situation? Was kann ich lernen? Was kann ich daraus machen?

5 **Entschließen Sie sich täglich, glücklich zu sein.** Ihr Motto: Sorge dich nicht – lebe. Tatsächlich treten 90 Prozent aller Sorgen, die wir uns machen, niemals ein.

6 **Haken Sie eine scheinbar ärgerliche Sache ab – so schnell es geht.** Manches ist eben, wie es ist. Punkt.

7 **Lernen Sie zu vergeben:** anderen, aber auch sich selbst. Machen Sie sich keine unnötigen Vorwürfe, die kommen immer wieder zurück – wie Brieftauben.

FINANZIELLE FREIHEIT

Ändern Sie Ihre Einstellung zum Geld grundsätzlich

Geld stinkt nicht. Geld ist gut! Geld verändert nicht alles im Leben, aber vieles. Geldsorgen werfen schwere Schatten auf das persönliche Glück. Warum lassen Sie das Geld nicht für sich arbeiten?

Lieber arm und gesund als reicht und krank? Wenn es nach amerikanischen Studien geht, ist das mehr als nur ein schwacher Trost für mittellose Zeitgenossen. »Sudden Wealth Syndrom« nennen die Pyschologen aus Kalifornien ein modernes Leiden, das sich in Schaflosigkeit, Panikattacken oder gar Paranoia äußert. Davon betroffen: Lottokönige, Börsenspekulanten oder Erben, die mir nichts, dir nichts über Nacht zu Millionären wurden. Vor allem die Sorge, wie sie das unerwartete Vermögen behalten, bereitet ihnen schlaflose Nächte. Wie bedauerlich!

Doch die Sorgen dieser neuen Superreichen ändern allerdings nichts an der alten Tatsache: **Geld ist gut.** Geld verändert nicht alles im Leben, aber vieles. Geld kann und wird nicht alle Probleme lösen. Viele Probleme entstehen gar nicht erst, wenn Sie genug Geld haben – wenn Sie zumindest keine Geldsorgen haben. Finanzielle Probleme werfen gewaltige Schlagschatten auf alle anderen Lebensbereiche. Sie können sich nicht mehr voll auf die Arbeit konzentrieren. Die Motivation leidet. Sie fragen sich: Wofür noch all der Einsatz? Sie stopfen nur noch Löcher und verlieren langfristige Pläne aus den Augen. Wenn Sie aber genug Geld haben, lassen sich Probleme zumindest stilvoll lösen. Geld vermittelt **Sicherheit**. Geld schmeichelt dem Ego und gibt **Selbstvertrauen**. Stimmt, Geld allein macht nicht glücklich. Aber an dieser Einsicht, die Arnold Schwarzenegger überspitzt formuliert hat, ist was dran: »Mit 20 Millionen Dollar ging es mir schlechter als mit 50 Millionen.« Und von John Kenneth Galbright, dem Wirtschaftswissenschaftler, stammt dieses Bonmot: »Es ist ein Riesenunterschied, ob Sie genug Geld haben oder nicht genug. Aber es ist ein sehr kleiner Unterschied, genug zu haben oder mehr als genug.« Nur wer viel Geld hat, kann viel Geld spenden.

> Nur wer eisern spart,
> kann sich auch was leisten.
>
> **Hans Eichel**

Ich möchte nie mehr arm sein

Nicht mal, wenn Sie mi

um nichts in der Welt.
20 Millionen
dafür bieten würden.

Dariusz Michalczewski

Jeder Dummkopf mag zu Geld kommen, aber um es zu behalten, braucht es einen klugen Kopf.

Geld gibt persönlichen **Spielraum**. Nie sollten Sie etwas tun, was Ihnen keinen **Spaß** macht – nur um des Geldes willen. Voraussetzung dafür ist ein professioneller Vermögensaufbau – je früher desto besser. Doch wer das kleine Einmaleins der Geldanlage nicht beherrscht, setzt auf ein trojanisches Pferd. Information ist unerlässlich. Eine mögliche Anlaufstelle sind neben Banken und Finanzdienstleistern auch die Verbraucherzentralen der Länder oder einschlägige Websites. Viele Experten entwerfen für die finanzielle Zukunft drei Szenarien. Der erste Plan: **Finanzieller Schutz**. Damit sind Rücklagen gemeint, die Sie brauchen, um sorglos sechs bis zwölf Monate über die Runden zu kommen, falls mal schlagartig die Einkommensquellen versiegen. Der zweite Plan: **Finanzielle Sicherheit**. Die ist erreicht, wenn Sie ausreichend Kapital haben, konkret 150-mal den Betrag, den Sie monatlich für aktuelle Kosten benötigen. Der dritte Plan: **Finanzielle Freiheit**. Dieses Ziel ist erreicht, wenn Sie fortan von Ihren Zinseinnahmen leben können – und das angesammelte Kapital nicht anrühren müssen, inklusive Ihrer »Traumkosten«. Motto: Der beste Arbeitgeber ist mein Geld – und mein Geld arbeitet für mich.

Achten Sie dabei auf den finanziellen Klassenunterschied: **Geldprofis** leben jetzt und bereiten ihre Zukunft vor. Sie bezahlen sich selbst zuerst, sie sparen und legen smart an. **Geldamateure** konzentrieren sich nur auf das Jetzt und übersehen, dass sie einmal in der Zukunft leben werden. Sie müssen sich ihr ganzes Leben immer wieder mit den gleichen Problemen herumschlagen. Warum gehen **Lottomillionäre** so oft so schnell finanziell baden? Weil sie fast immer sofort die Substanz vergeuden. Sie lassen die Million nicht liegen und leben von den Zinsen, nein, sie kaufen sich dicke Autos, Weltreisen – was man so braucht, wenn man dazugehören möchte. Der Finanzier Hans-Josef Abs wurde mal gefragt, wovon er denn so reich geworden sei. Antwort des rheinischen Knausers: »Vom Ussjebe net.« Klar, nicht was wir verdienen, macht uns reich, sondern das, was wir behalten. Also sparen. Und klug investieren.

Geld ist nicht der Schlüssel zum Glück, man kann sich allerdings eine ganze Menge Schlüssel damit kaufen.

Wolfgang Joop

10 Tipps zum Thema Finanzen

1 **Errechnen Sie sich Ihren finanziellen Schutz, Ihre finanzielle Sicherheit und finanzielle Freiheit.** Spätestens zu Beginn des Ruhestands sollten Sie über so viel Vermögen und Einkommen verfügen, dass Sie nicht mehr auf das Gehalt angewiesen sind.

2 Überweisen Sie am Monatsanfang mindestens **10 Prozent Ihres Einkommens auf ein separates Konto**, um dieses Geld zu sparen, es zu investieren.

3 **Vermeiden Sie Konsumschulden,** denn diese rauben Ihnen die Energie, töten die Motivation und das Selbstbewusstsein.

4 **Seien Sie ein kühler Rechner.** Trennen Sie Ihr Geld von Ihren Emotionen, sonst trennen Sie Ihre Emotionen von Ihrem Geld.

5 Warten Sie nicht darauf, eine Gehaltserhöhung zu bekommen – **verdienen Sie sich eine Gehaltserhöhung**.

6 Sparen Sie zusätzlich **50 Prozent von jeder Gehaltserhöhung.**

7 **Erstellen Sie einen Finanzplan,** und fragen Sie bei jeder Kostenstelle: Ist das wirklich nötig? Manche kaufen mit Geld, das sie nicht haben, Dinge, die sie nicht brauchen, um damit Menschen zu imponieren, die sie nicht mögen.

8 **Sparen Sie sich das Sparbuch.** Sparanlegen machen nur Ihre Bank reich. Warum kaufen Sie nicht statt dessen die Aktien, Zertifikate Ihrer Bank oder investieren in Aktienfonds von bekannten und schon länger erfolgreichen Gesellschaften?

9 **Üben Sie sich in Disziplin.** Es ist manchmal besser, sich ein zwei Stunden mit seinen Geldanlagen zu beschäftigen, als einen Monat dafür zu arbeiten.

10 **Sichern Sie sich und Ihre Familie so gut ab,** dass Sie und Ihre Angehörige im Falle Ihrer Berufsunfähigkeit oder Ihres Todes finanziell versorgt sind.

SELBSTBEWUSSTSEIN

Sie brauchen niemandem etwas zu beweisen – nur sich selbst

Eine Persönlichkeit ist, wer seine Anlagen als Person zu besonderer Entfaltung und Ausgeprägtheit in Form individueller Eigenart und charakterlicher Originalität gebracht hat. BROCKHAUS

Kennen Sie solche Menschen auch? Die betreten ein Zimmer – und der Raum ist voll. Nein, in diesem Fall hat das nichts mit Leibesfülle zu tun. Sie fallen auch nicht auf, weil sie arrogant oder affektiert auftreten. Sie wirken irgendwie ganz selbstverständlich. Selbstsicher. Selbstbewusst. Sie haben einfach **Ausstrahlung**. Manche nennen es sogar Aura. Ein starker Typ, denken oder sagen wir dann. Eine **Persönlichkeit**. Möchte nicht insgeheim jeder so wirken? Stimmt, wenn wir nach Beispielen suchen, fallen uns zuerst immer die Schönen, die Reichen und Erfolgreichen ein, die Prominenten. Aber der Status allein kann es noch nicht sein. Es gibt hunderte bekannte Spitzensportler, wunderschöne Models und erfolgreiche Politiker. Doch nicht alle Profisportler werden zu Heldenfiguren, nicht alle Mannequins schaffen es in die Liga der Top-Models und nicht alle Politiker haben das Zeug zum charismatischen Staatmann. Stefan Raab ist zwar nicht schön, aber er zieht sein Leben wie seine Show durch: Sendungsbewusst, eigenwillig und **authentisch**. Günther Jauch wirkt immer angenehm unangestrengt. Hollywoodstars wie Meg Ryan oder Tom Hanks bestechen im wirklichen Leben durch fröhliche Natürlichkeit. Und Mick Jagger schlägt aus seiner Ähnlichkeit mit einem Breitmaulfrosch gekonnt Kapital. Alles selbstbewusste Persönlichkeiten. Ihre Gemeinsamkeit: Sie vertrauen sich selbst. Selbstvertrauen, Selbstsicherheit, Selbstachtung, Selbstbild – die Psychologie kennt viele Differenzierungen für das, was wir im Alltag ein starkes Selbstbewusstsein nennen. Selbstachtung, gewissermaßen der gute Ruf, den wir bei uns selbst haben, ist ein wichtiger Maßstab. Wie sehr mögen wir uns selbst? Akzeptieren wir uns so, wie wir sind? Das Selbstvertrauen sagt aus, inwieweit wir uns unabhängig von anderen auf unser eigenes Urteil verlassen.

Selbstvertrauen ist die Quelle des Vertrauens zu anderen.

Dabei spielt unser **Selbstbild** eine große Rolle: Halte ich mich für attraktiv, begabt, beliebt oder für unscheinbar, unfähig, unmöglich, zu klein, zu dick, zu dumm. Wer keine gute Meinung von sich selbst hat, wer sich wenig zutraut, wer immer die anderen für besser hält, steht sich selbst im Weg. Unser Selbstbild wirkt stark auf unser Verhalten ein, es kann **Bremse oder Gaspedal** sein. Vom Selbstbild hängt unser gegenwärtiges Handeln ab – und das in der Zukunft. Wir werden zu dem, wie wir uns selbst sehen. Nicht, was wir waren, wo wir herkommen, was wir zurzeit sind, wirkt als Bremse – sondern die negativen Gedanken über uns selbst.

Alles, was wir im Leben erreichen werden, baut auf unserem Selbstbild auf. Wir sollten also alles für ein beflügelndes Selbstbild tun. Angenommen, Sie haben einen Spielfilm gekauft, der ist aber trostlos, langweilig und hat nicht mal ein Happyend. Würden Sie sich den Film immer wieder ansehen, täglich? Bestimmt nicht. Sicher würden Sie sich einen Film besorgen, der Sie mehr anspricht. Und was ist mit Ihrem Leben? Warum schauen Sie noch an, was Sie eigentlich garnicht mehr sehen möchten? **Werden Sie zum Regisseur Ihres Lebens.** Wir können unser Selbstbild positiv beeinflussen. Wie? Um unser Selbstbild fassbar zu machen, stellen wir uns ein Foto in unserem Gehirn vor. Es bildet unsere Werte und die tief verwurzelten Überzeugungen ab. Aber es lagert auch unser Selbstvertrauen ein, also unsere Fähigkeit, dass wir uns selbst vertrauen können. Werden Sie sich selbst bewusst, dann werden Sie selbstbewusst. Machen Sie sich bewusst, dass Sie alle Fähigkeiten für ein erfülltes, erfolgreiches Leben bereits in sich tragen. Je mehr Sie von sich überzeugt sind, desto größer ist Ihr Selbstbewusstsein und desto geringer die Abhängigkeit von der Meinung anderer.

Aus Untersuchungen wissen wir: Es ist sekundär, ob Ihre Überzeugungen den Tatsachen entsprechen oder nicht. Es ist auch nicht wichtig, was in der Vergangenheit schief lief. Viel wichtiger ist, dass Sie jetzt Selbstvertrauen aufbauen. **»Mir geht es von Tag zu Tag besser und besser«** – diese goldene Formel entwickelte der Vater der **Autosuggestion**, Emil Coué, um mehr Zuversicht und Selbstbewusstsein zu gewinnen.

> Das größte Problem unserer Gesellschaft ist, dass sich die Menschen selbst für zu billig halten.
>
> **Anthony Robbins**

Sei du selbst.

Die Besten sind die Besten, indem sie sich selbst treu bleiben.
Versuche nie, einen anderen nachzuahmen oder den
Fußstapfen eines anderen zu folgen.
Die Besten sind die Besten, weil sie sich selbst treu bleiben.
Also entspanne dich und **sei einfach du selbst**.

INDISCHE WEISHEIT

Heutzutage kann fast jeder zum Idol werden. Manche Besetzung von unzähligen Nachmittag-Talkshows oder Vorabendserien beweist das. Idealbild ist schon lange nicht mehr der Professor, Anwalt oder Arzt. Verona, Paris Hilton & Co. können eigentlich wenig, zeigen aber, dass man auch mit wenig etwas werden kann – wenn man authentisch, selbstbewusst auftritt. Die **Kultivierung der eigenen Persönlichkeit** ist heute fast schon wichtiger als ein Diplom. Wer es schafft, sich als Persönlichkeit mit Potenzial zu verkaufen, hat ziemlich gute Karten. Gesundes Selbstbewusstsein und Selbstwertgefühl sind ein großartiger Zustand: Wenn wir uns ungezwungen, ausgeglichen, aufgeschlossen, entspannt fühlen. Wenn wir bewusst leben. Wenn wir positiv gepolt sind. Wenn wir niemandem mehr etwas beweisen müssen – nur noch uns selbst.

1 **Ziehen Sie einen Schlussstrich. Vergessen Sie, was in der Vergangenheit falsch gelaufen ist. Vorwürfe an Eltern oder Vorgesetzte bringen Sie nicht weiter.**

5 **Werden Sie auf einem Gebiet Experte. Sie erzielen dadurch größere Erfolge und werden für andere interessanter.**

9 **Werden Sie mutiger, und gehen Sie kalkulierbare Risiken ein. Fordern Sie. Sonst werden Sie Ihre Komfortzone nicht verlassen und als Persönlichkeit nicht wachsen.**

> Nichts bringt uns mehr vom Weg zum Glück ab, als dass wir uns nach dem Gerede der Leute richten statt nach unseren Überzeugungen.
>
> **SENECA**

12 Tipps

Wie Sie Ihr Selbstbewusstsein verbessern

2 **Formulieren Sie Ihr aktuelles Selbstbild.** Schriftlich und ungeschminkt. Definieren Sie nun Ihr Selbstbild, mit dem Sie Ihre Ziele erreichen. Tun Sie dann so, als ob Sie diese Person schon seien. Sie werden sich auf wundersame Weise Ihren Zielen nähern.

3 **Führen Sie ein Erfolgstagebuch.** Notieren Sie darin täglich, was Ihre Erfolge des Tages waren. Beantworten Sie sich die Fragen: Was ist mir gelungen? Was habe ich gelernt? Was hat mich meinen Zielen näher gebracht?

4 Ihr Selbstbewusstsein hängt stark vom positiven Erinnerungsmanagement ab: **Listen Sie Ihre Stärken, Talente, Fähigkeiten und Erfolge auf.** Lesen Sie diese Liste von Zeit zu Zeit durch und ergänzen Sie diese.

6 **Leben Sie nach Ihren Bedürfnissen.** Wer sich selbst begeistert, bekommt automatisch eine positive Ausstrahlung und reißt andere mit.

7 **Setzen Sie sich motivierende und erreichbare Teilziele.** Zu große Ziele rauben Ihnen Selbstvertrauen und lassen Sie am Gesamterfolg zweifeln.

8 **Begrüßen Sie Probleme.** Jedes Problem, das Sie meistern, gibt Ihnen die Möglichkeit zu wachsen. Fragen Sie sich: Was ist positiv daran? Was lerne ich daraus?

10 **Verändern Sie Ihren Blickwinkel.** Stellen Sie Erfahrungen für sich positiv dar.

11 **Übernehmen Sie die uneingeschränkte Verantwortung** für Ihre Zukunft, die Situation, die Umstände. Je größer die Ausreden, desto geringer das Selbstvertrauen.

12 **Haben Sie Geduld.** Neues Selbstbewusstsein baut sich nur langsam und mit konstanter Beharrlichkeit auf.

FREUNDSCHAFTEN

Pflegen Sie Ihre Wahl-Verwandtschaften

Sie sollen uns auf dem Boden halten, wenn wir abheben, und Dampf machen, wenn wir durchhängen – Freunde. Sie sind kostbar und unverzichtbar. Deshalb schließen Sie Freundschaften, bevor Sie sie brauchen.

Sie sollen unsere gebrochenen Herzen kitten, uns bei einem misslungenen Haarschnitt trösten und natürlich unsere Umzugskisten schleppen. Sie sollen mit uns durch die Hölle gehen und gemeinsam mit uns im siebten Himmel schweben – und manchmal sollen sie sich zum Teufel scheren: Unsere Freunde. Sie sind unsere **verlässlichen Helfer** in allen Lebenslagen, sie wirken wie eine **Vitaminspritze für unsere Seele**, sie sind so was wie die neue Familie geworden. Für Millionen. Denn längst sind die Familienbande nicht mehr so eng und stabil wie früher. Jeder Dritte, in Großstädten sogar jeder Zweite, lebt mehr oder weniger unfreiwillig allein. Freunde werden deshalb immer wichtiger, sie sind das **soziale Netz** und warme Nest des mobilen Menschen.

Freunde geben uns Geborgenheit. Freunde sind wichtige **Wahl-Verwandte** geworden. Ein Freund, ein guter Freund, überdauert alles: Die erste Liebe, den zweiten Frühling, die dritten Zähne. **Doch was macht eine Freundschaft aus?** Gute Freunde genießen die meiste Zeit, die sie in der Gesellschaft ihrer Freunde verbringen. Beim einen fühlen sie sich gut aufgehoben, mit dem anderen macht alles mehr Spaß. Freundschaft

> Wahre Freundschaft ist eine sehr langsam wachsende Pflanze.
>
> GEORGE WASHINGTON

Das erste Gesetz der Freundschaft lautet, dass sie gepflegt werden muss. Das zweite lautet: Sei nachsichtig, wenn das erste verletzt wurde.

Voltaire

Wer einen Freund betrügt, begeht eine Todsünde.

Christina von Schweden

Den sicheren Freund erkennt man in unsicherer Lage.

Ennius

heißt also Vergnügen. Freundschaft heißt **Anerkennung**. Wirkliche Freunde akzeptieren sich so, wie sie sind. Sie sind tolerant, versuchen nicht, den anderen zu verändern oder zu formen. Freunde sind kein Besitz. Freundschaft heißt **Vertrauen**. Echte Freunde sind überzeugt, dass der andere immer im Interesse des Freundes oder der Freundin handelt. Freundschaft heißt **Respekt**. Freunde finden am anderen gute Seiten, die sie schätzen, manchmal gar bewundern. Bei Konkurrenzdenken hört meist die Freundschaft auf. Freundschaft heißt **gegenseitige Hilfe**. »With a little help from my friends« ist das meiste halb so schwer und doppelt so schön. Wirkliche Freunde unterstützen sich. Bei Kummer, bei Problemen, in Notlagen – immer ist aufeinander Verlass. Freundschaft heißt **Gemeinsamkeit**. Freunde unternehmen gern etwas zusammen. Das verbindet, vertieft die Beziehung und gibt uns Gesprächsstoff. Freundschaft heißt **Diskretion**. Echte Freunde erzählen sich alles, was wichtig ist. Sie tauschen schöne und schmerzhafte Erfahrungen und geheimste Gefühle aus und fragen um Rat. Freundschaft heißt **Verstehen**.

Gute Freunde fühlen sich frei in der Beziehung zueinander. Sie müssen keine Maske tragen, sie können sein, wie sie sind. »Freunde haben immer auch eine gewisse **Spiegelfunktion**«, erklärt der Psychologe Wolfgang Krüger. Sie begleiten uns lebenslänglich oder nur in einem bestimmten Lebensabschnitt. Ganz, wie wir wollen. Wir sind so frei. Freundschaften lassen uns den Raum, den wir im emotionalen Hochdruckreaktor Familie kaum finden. Freunde sind wie Satelliten, die auf der gleichen Frequenz senden, die sich auf derselben Umlaufbahn bewegen – im nötigen Abstand, der vor Kollisionen schützt. Allerdings: Mit den Jahren wächst die Zahl der Bekannten – doch diejenigen, mit denen man wirklich tief verbunden ist, werden weniger. Das trifft oftmals besonders für **Partnerschaften** zu. Wenn zwei sich genug sind, droht die Gefahr der Abkapselung. Ein gefährlicher Irrweg, wenn gar Eifersucht auf alte Freunde des anderen hochkommt. Denn gute Freunde nehmen ja nichts weg. Im Gegenteil: Sie beleben und bereichern eine Partnerschaft, selbst **Sportsfreunde, Freizeitkumpel, Arbeitskollegen** bringen Austausch mit und neue Ansichten ein. Eigene Freunde, die

Unter allem, was zu einem glücklichen Leben beiträgt, gibt es kein größeres Gut, keinen größeren Reichtum als die Freundschaft.

Epikur

Echte Freunde habe ich weniger als Finger an einer Hand. Der Rest sind Schönwetterfreunde und Schulterklopfer, auf die es sowieso nicht ankommt.

Moritz Bleibtreu

Freunde des anderen, gemeinsame Freunde – dieser kleine Kosmos wäre ideal. Wie wichtig Freunde fürs Wohlbefinden sind, bestätigte der renommierte US-Herzspezialist Dean Ornish: »Menschen, die sich einsam, niedergeschlagen und isoliert fühlen, werden fünf- bis zehnmal häufiger krank als jene, die ein Gefühl von Liebe und Zusammengehörigkeit entwickeln können.« In dem Film *Harry & Sally* sagt Harry, dass **Männer und Frauen** keine richtigen Freunde sein können, weil ihnen immer wieder der Sex dazwischenkommt. Da ist viel dran. Auch die amerikanische Sozialwissenschaftlerin Shere Hite (»Hite-Report«) beklagt diesen kuriosen gesellschaftlichen Druck: »Kaum geht man mal mit einem männlichen Freund aus, erwarten die meisten, dass man übereinander herfällt: Sex! Sex! Sex!« Aber – Ausnahmen bestätigen auch hier die Regel.

Wer viele Freunde hat, hat keinen.

Aristoteles

10 Tipps

Wie Sie sich Freunde machen

1
Zeigen Sie echtes Interesse für andere. Seien Sie offen. Wenn man einen Freund haben will, muss man sich bemühen, einer zu sein, sagt ein Sprichwort.

2
Bleiben Sie natürlich. Seien Sie Sie selbst. Bringen Sie Ihre Persönlichkeit ehrlich ein. Sagen Sie stets nur, was Sie mit gutem Gefühl vertreten können.

3
Nutzen Sie die Auseinandersetzung als kreatives Potenzial. Stellen Sie sich der Konfrontation des anderen.

4
Pflegen Sie Ihre Freundschaften durch spontane Initiative und magische Momente: Einladungen, Mails und Überraschungen, kleine Geschenke.

5
Achten Sie die Meinung von anderen. Niemand mutet sich auf Dauer Menschen mit Oberlehrerallüren in seiner Umgebung zu.

6
Helfen Sie anderen, bieten Sie Ihre Hilfe an. So kommen Sie auf elegante und nützliche Weise mit anderen in Kontakt. Und letztlich helfen Sie sich selbst damit.

7
Wählen Sie Gesprächsthemen, die den anderen interessieren. Seien Sie aufrichtig und kooperativ.

8
Lernen Sie, aktiv zuzuhören. Das schafft Aufmerksamkeit. Ermuntern Sie andere, von sich zu erzählen.

9
Setzen Sie auf den ersten Eindruck. Ergreifen Sie die Initiative. Ein Lächeln kann nur gewinnen.

10
Unterstützen Sie die Ideen und Pläne des anderen. Fördern Sie sein Selbstbewusstsein. Sprechen Sie Anerkennung aus. Geben Sie Freunden die Möglichkeit, sich groß zu fühlen – auch größer als Sie selbst.

ANERKENNUNG

Loben Sie, wenn Sie auf Wertschätzung Wert legen

Anerkennung und bedeutend sein – das wünscht sich jeder. Insgeheim oder ganz offen. Das Streben nach Anerkennung liegt in der menschlichen Natur.

Einen toten Hund tritt man nicht. Aber je bunter und bedeutender einer ist, umso größer ist der Reiz – denn vielleicht springt für einen selbst ein bisschen **Glanz und Anerkennung** raus.

Ein kleiner Vorfall, bei dem der Prinz von Wales im Mittelpunkt steht, illustriert das Phänomen. Edward VIII., der spätere König von England, war 14 Jahre alt und Schüler auf einem College in Devonshire. Eines Tages sah ihn ein Marineoffizier heulen. Natürlich wollte der Offizier sofort wissen, warum. Der Prinz druckste erst herum, sagte aber dann schließlich, er sei wieder mal von ein paar Kadetten so richtig kräftig in den Hintern getreten worden. Daraufhin rief der Leiter der Schule alle Jungen zusammen und erklärte ihnen, der Prinz habe sich zwar nicht bei ihm beschwert, aber er wolle jetzt doch wissen, warum man gerade bei ihm immer solche rüden Methoden anwende. Nach vielem Herumstottern gaben ein paar Kadetten schließlich zu: Sie wollten später mal, wenn sie selbst Admiral oder Kapitän seien, erzählen können, dass sie einst den König in den Hintern getreten hätten. Was sagt uns diese Anekdote? Die menschliche Natur verlangt nichts so sehr wie **das Gefühl, bedeutend zu sein**.

Was wir erreichen können, wird dadurch beeinflusst, was wir glauben, tun zu können. Was wir glauben, erreichen zu können, wird beeinflusst durch das, was andere glauben, was wir erreichen können – und deshalb wird das, was wir erreichen können, davon beeinflusst, was andere

> Neid ist die ehrlichste Form der Anerkennung.

Das Wichtigste, was ein Mensch braucht, ist gebraucht zu werden.

glauben, was wir erreichen können. Alles klar? Viele Menschen versuchen ein Leben lang, es anderen Menschen recht zu machen. Warum wohl? Sie wollen **gemocht, geliebt werden**, sie wollen Wertschätzung erfahren. Der Wunsch nach **Anerkennung ist eine starke Triebfeder**. Der Unternehmensberater Edgar K. Geffroy bekennt, dass es ein durch einen Minderwertigkeitskomplex hervorgerufenes Anerkennungsdefizit war, das ihn zu dem machte, was er geworden ist. Einer wie Boris Becker war immer sauer, wenn er auf Nebenplätzen spielen musste. Warum? Er brauchte einfach die große Kulisse Center Court, er wollte das **Bad in der Menge**, wollte sie stöhnen hören – erst der Beifall des Publikums beflügelte den Tennisspieler zu Höchstleistungen. Nur mit Applaus holte er alles aus sich heraus.

Das Verlangen nach Anerkennung ist eine humane Form **aggressiver Triebbefriedigung**. Wie bitte? Die Kulturgeschichte lehrt, dass Aggression der Einsatz war, um einen höheren Rang zu erreichen – und die damit verbundenen Privilegien und Prämien. Das konnte Macht sein, Titel, Orden, Geld, Ansehen – also Anerkennung. Macht wurde früher ausgekämpft, hart auf hart. Heute sind die Methoden subtiler, doch nach wie

Den Göttern Weihrauch, den Menschen Lob!

Pythagoras

Es sind nicht die Umstände,
die den Menschen schaffen.
Der Mensch ist es,
der die Umstände schafft!

BENJAMIN FRANKLIN

Das ganze Glück des Menschen besteht darin, bei anderen Achtung zu genießen.

Blaise Pascal

vor will jeder seine Rivalen übertreffen. Gut, Wertschätzung wird in anderer Münze gezahlt – eine höhere Position, ein reservierter Parkplatz, vier Bürofenster oder eine eigene Toilette – aber das Prinzip hat sich nicht verändert. Der Hunger nach Anerkennung, der Wunsch, bedeutend zu sein, mobilisiert weiterhin die Menschen. Anerkennung stärkt das **Selbstbewusstsein** und das **Selbstwertgefühl**, Anerkennung gibt Sicherheit und Motivation. Welchen Alltagstipp nennt der Erfolgsguru Dale Carnegie in seinem Buch *Wie man Freunde gewinnt* als wirksamstes Rezept? »Spenden Sie großzügig Anerkennung.«

Denn: **Wer Anerkennung gibt**, wird auch von anderen eher anerkannt. Diese scheinbar so einfache Sache ist oftmals schwer umzusetzen. Kritisieren dagegen fällt leicht. Anerkennung auszudrücken, setzt **Selbstsicherheit** voraus. Nur wer gefestigt ist, wird Lob aussprechen. Andere werden das als Souveränität werten. Es lohnt sich also, die Kunst der Anerkennung zu kultivieren. Loben Sie – ehrlich und dosiert.

Aufrichtiges Lob macht andere glücklich, wirkt wie seelischer Rückenwind. Vergessen Sie bitte die schwäbische Art des Lobes: »Net g'schimpft is scho g'lobt g'nug.«

7 Tipps
für wirkungsvolle Wertschätzung

1 **Beziehen Sie Lob und Anerkennung immer auf eine bestimmte, besondere Sache.** Nicht: Das ist toll. Sondern: Ich finde es klasse, wie du das ... gedeichselt hast.

2 **Sprechen Sie Lob und Anerkennung immer sofort, prompt, unverzüglich aus**, sonst verpufft die Wirkung. Drei Wochen später etwas lobenswert finden – vergessen Sie es.

3 **Wenn Sie loben, loben Sie ehrlich, aufrichtig.** Anerkennung kommt aus dem Herzen. Sonst wäre es Lobhudelei oder Schmeichelei. Schmeicheleien kommen aus dem Mund.

4 **Sprechen Sie Lob und Anerkennung ohne Wenn und Aber aus.** Jedes Aber macht eine Anerkennung klein.

5 **Erwarten Sie kein Gegenkompliment auf ein Lob.** Anerkennung sollte immer für sich stehen.

6 **Loben Sie öffentlich**, aber kritisieren Sie unter vier Augen.

7 **Loben Sie, was Sie wiederholt sehen wollen.**

KOMMUNIKATION

Seien Sie offen, wenn Sie andere für sich gewinnen wollen

Das Ziel erfolgreicher Kommunikation ist nicht nur zu sagen, was man denkt, sondern vor allem, dass der andere wirklich versteht, was man ihm sagen, begreiflich machen will.

So geht es auch: Ein Ehepaar aus Rio de Janeiro redet seit 40 Jahren kein Wort mehr miteinander – und führt trotzdem eine **glückliche Ehe**. »Eine Frau braucht nicht zu hören, dass der Mann sie mag. Sonst wird sie überheblich«, sagt die Ehefrau. »In all dieser gesprächslosen Zeit haben wir uns sehr lieb gehabt und auch fünf Kinder gezeugt.« Ihr Mann Geraldo, inzwischen 76, hatte sich den Maulkorb 15 Jahre nach der Hochzeitsnacht selbst verpasst, weil er über seine Frau verärgert war. Die hatte damals ein Kind mit grünen Augen zur Welt gebracht. Der Gatte vermutete einen Seitensprung. Inzwischen hat er die Sache zwar vergessen, nicht aber seinen Mundhalteschwur. Die Ehefrau: »Erst habe ich viel geheult, inzwischen kommen wir gut klar. Wir kommunizieren mit Hilfe unserer Kinder und Enkelkinder.« Und wenn Geraldo was Bestimmtes von seiner Sebastiana will? »Dann gibt er mir einen Klaps.«

Sicher, so kann Kommunikation auch ablaufen. Aber die meisten bevorzugen vermutlich den direkten Draht. Und vor allem: Sie möchten mehr miteinander **kommunizieren**. Kommunikation ist die Kunst, mit anderen Menschen erfolgreich umzugehen. Wie wirke ich auf andere? Was muss ich tun, um andere Menschen für mich zu gewinnen? Wie erreiche ich andere, um zu erreichen, was ich will?

Jeder hat das Bedürfnis, sich **auszutauschen**. Jeder hat das Bedürfnis, offen das auszusprechen, was ihm wichtig ist – ohne dabei missverstanden zu werden. Jeder möchte gern seine Wünsche und Gefühle äußern können – ohne dabei gleich persönliche Beziehungen aufs Spiel zu setzen. **Verständigung** ist leider oft schwieriger, als wir denken. Denn: Gesagt ist nicht gehört. Gehört ist nicht verstanden. Verstanden heißt nicht begriffen, und begriffen ist noch lange nicht einverstanden.

Der Weg in die Köpfe führt durch die Herzen.

Kluge Köpfe sprechen über Ideen.
Mittelmäßige über Vorgänge.
Schwache über andere Menschen.

Niemand ist eine Insel. Doch jeder lebt in seiner Welt. Wenn wir erfolgreich mit unseren Mitmenschen kommunizieren wollen, müssen wir den anderen in seiner Welt besuchen – und dort abholen. Schon bei der **Kontaktaufnahme** sollten Sie die Körpersprache angleichen: Nehmen Sie Blickkontakt mit Ihrem Gegenüber auf. Nehmen Sie eine ähnliche Körperhaltung ein. Bewegen Sie sich in ähnlichem Rhythmus. Passen Sie sich der Sprechweise, Lautstärke und Tonalität an.
Und vor allem: Hören Sie zu. **Zuhören** ist eine zentrale Voraussetzung, um die Welt des anderen zu verstehen.

Zwischen Hören und Zuhören besteht ein fundamentaler Unterschied. Als aufmerksamer und verständnisvoller Zuhörer schaffen Sie ein gutes Gesprächsklima – eine wichtige Voraussetzung, wenn ein Gespräch **konstruktiv** sein soll.
Und so können Sie Ihren Gesprächspartner zusätzlich durch positive Verstärkung gewinnen: Drücken Sie ihm zunächst Ihre Freude, Ihr Dankeschön aus. Sagen Sie ihm genau, was er gut gemacht hat (Anerkennung). Sagen Sie ihm, was sein Einsatz gebracht hat (Nutzen).
Noch bevor die ersten Worte gewechselt sind, werden über unseren Körper mehr Informationen ausgetauscht, als uns vielleicht bewusst ist. Erfolg ist sichtbar. Die meisten glauben, schon in Sekundenbruchteilen sagen zu können, ob sie einem Verlierer oder einem Erfolgstypen gegenüberstehen. Weil sich Sicherheit und Unsicherheit, Kompetenz und Unvermögen deutlich im Auftreten, in der Körpersprache ausdrücken. Die Körpersprache gibt den Ausschlag, ob ich

Gute Unterhaltung besteht nicht darin,
dass man etwas Gescheites sagt,
sondern dass man etwas Dummes anhören kann.

Wilhelm Busch

GROSSER GEIST – GIB,
DASS ICH MEINEN NACHBARN
NICHT EHER TADLE,
ALS ICH EINE MEILE
IN SEINEN MOKASSINS
GEWANDERT BIN.

INDIANISCHES SPRICHWORT

eine Person positiv oder negativ einschätze. **Die Macht des ersten Augenblicks:** Das erste Urteil basiert auf dem ersten Eindruck. Natürlich entstehen dabei Fehlurteile. Aber eine zweite Chance, den ersten Eindruck zu korrigieren, gibt es in der Regel selten. Deshalb ist der erste Eindruck, den wir machen, so unerhört wichtig.

Im Idealfall ist die Beziehung zwischen Personen durch Harmonie, **Verständnis** und gegenseitiges **Vertrauen** geprägt. Man nennt das Rapport – die Suche nach **Übereinstimmung**, das Gefühl, den anderen zu verstehen und verstanden zu werden. Es ist falsch, wenn Sie glauben, bei Kommunikation komme es vor allem auf die geschickte Wahl der Worte an. Das allein reicht noch nicht. Untersuchungen haben gezeigt, was wirklich beim Kommunizieren ausschlaggebend ist: Die **Worte**: 7 Prozent, die **Stimme**: 38 Prozent, die **Körpersprache**: 55 Prozent. Ja, »der Ton macht die Musik«. Oder: »Wie man in den Wald hineinruft, so schallt es hinaus.« In solchen Sprichwörtern steckt Wahrheit, Weisheit über das Wesen der Kommunikation. Machen Sie es jedenfalls nicht wie jener Schriftsteller, der sagte: »Jetzt haben wir aber lange genug von mir gesprochen. Sprechen wir mal von Ihnen. Wie hat Ihnen eigentlich mein letztes Buch gefallen?«

1 **Gehen Sie auf andere zu. Seien Sie aufgeschlossen, freundlich, umgänglich. Machen Sie es anderen leicht, mit Ihnen zu reden und umzugehen. Lächeln Sie.**

5 **Merken Sie sich die Namen von Gesprächspartnern. Es gefällt anderen Menschen, wenn man sich an sie erinnert, es schafft Vertrauen.**

9 **Stellen Sie den anderen in den Mittelpunkt, nicht sich. Zeigen Sie Interesse an anderen Menschen. Werden Sie so wie jene, die Sie selbst gern um sich hätten.**

15 Tipps

Wie Sie überzeugend mit Menschen kommunizieren

2 **Vermeiden Sie Kommandosprache.** Seien Sie wohlwollend, höflich, taktvoll. Stellen Sie gemeinsame Interessen vorne an.

3 **Sparen Sie sich die Mühe,** notorische Nörgler, Besserwisser oder Egozentriker überzeugen zu wollen.

4 **Respektieren Sie die Meinung anderer** – auch wenn Sie nicht mit Ihrer übereinstimmt.

6 **Geben Sie Fehler zu,** statt sie ständig mit Ausreden zu vertuschen. Wer freimütig Fehler eingesteht, steigt in der Achtung des anderen.

7 **Werden Sie zum Schlichter.** Bemühen Sie sich, Missverständnisse aufzuklären. Schauen Sie großzügiger über Schwächen und Fehler anderer hinweg.

8 **Unterstützen Sie andere.** Ermutigen Sie sie, helfen Sie, sagen Sie ihnen, wenn Ihnen etwas gut gefällt.

10 **Hüten Sie sich vor böser Kritik,** Vorwürfen oder gar Drohungen, wenn Sie andere von etwas überzeugen wollen.

11 **Reden Sie nicht dauernd über Ihre Erfolge,** lassen Sie die anderen Ihre Vorzüge selbst entdecken.

12 Glauben Sie an die goldene Regel der Zwischenmenschlichkeit: **Das Gute, das ich anderen tue, kommt zu mir zurück.**

13 **Versuchen Sie, immer von anderen zu lernen.** Erwecken Sie nie den Eindruck, Sie wüssten alles – und alles besser.

14 **Sparen Sie sich billige Triumphe.** Machen Sie es wie die Asiaten: Achten Sie darauf, dass der andere sein Gesicht wahren kann.

15 **Fassen Sie sich kurz,** und hören Sie aktiv zu.

SEX

Lassen Sie sich fallen und geben Sie sich dem Augenblick hin

Zu gutem Sex sind mehr als zwei nackte Körper nötig. Ein Liebesspiel ist wie ein gutes Schauspiel. Das Liebesspiel braucht auch die richtige Kulisse, eine vorteilhafte Beleuchtung – und es braucht zwei Regisseure.

So kann es dabei sein: Was du fühlst, das schmeckt dir. Was du siehst, lässt dir Hören und Sehen vergehen. Was du hörst, befeuert deine Sinnlichkeit. Deine Sinne sind wach wie selten. Du bist wie von Sinnen. Du fühlst dich durch die Höhen und Tiefen eines fremden, vertrauten Körpers, und du fühlst dich selbst begehrt. Du erkundest fremde, vertraute animalische Düfte und spürst, wie man dich gut riechen kann. So großartig kann es sein, und so großartig ist es oft auch – beim Sex.

Sex macht das Leben aufregend. Sex lockt tierisch und macht uns locker. Sex lässt uns aufblühen und jünger aussehen. Sex macht **glücklich**, und er macht vor allem **Spaß**. Um Sex zu bekommen, drehen wir auf, zeigen wir uns von der besten Seite: Phantasievoll, einfallsreich, witzig, charmant. Für Sex nehmen wir vieles in Kauf: Langes Werben, weite Reisen, große Strapazen. Wenn Menschen ihren Sex nicht ausleben, erschaffen sie bestenfalls Opern, Gemälde oder Romane, schlimmstenfalls driften sie ab oder drehen durch. Wenn Menschen ohne Sex leben, können sie kauzig, gallig, neurotisch, wunderlich, unausstehlich werden.

Sex, das ist der Antistressfaktor Nummer eins. Guter Sex ist das beste **Lebenselixir**. Sex ist eine entscheidende Triebfeder des Lebens. Unter gutem Sex versteht jeder etwas anderes. Für manche bedeutet Sex die **Gewissheit, geliebt zu werden**, Nähe und Beruhigung. Für andere ist Sex schiere Ekstase, Taumel, Gehenlassen, Fallenlassen. Für die meisten ist es mal das eine und mal das andere. Besonders im Bett, oftmals nur noch dort, fühlen wir uns lebendig. Im Bett sind wir besonders empfindlich, weil wir da nackt und

> Sex ist die Reibefläche, an der wir versuchen, das Feuer der Liebe zu entzünden.
>
> **Gerhard Uhlenbruck**

Sex ist das

KUNST

Erwartungen zu wecken

STÜCK

lie gar nicht geschlafen haben.

Senta Berger

Sex ist in Bewegung umgesetztes Gefühl, und zu viel des Guten kann wunderbar sein.

Mae West

schutzlos sind. Sex ist unsere letzte Verbindung zur Natur und zu unserer Natur. **Sex macht schön**, durch und durch, – und Sex ist schön, immer und immer wieder.

Aber warum wird dann vielfach **Unlust** zur traurigen Tatsache? Wie kann Sex zur Pflichtnummer abgleiten? In jeder dritten Partnerschaft ruht der Verkehr. Ist die Liebe als letztes gefühlsduseliges Auffangnetz im harten Alltag überstrapaziert? Viele fühlen sich beruflich geschlaucht. Stress macht schlaff. Es scheint zu stimmen, was manche Psychotherapeuten sagen: Unsere Gesellschaft wird immer verrückter. Wir sind ein Volk von Voyeuren geworden, die lieber Sex anschauen als selbst Sex zu machen. Beim Sex scheint die Halbwertszeit vorprogrammiert. Spätestens nach drei Jahren stellt sich ein anderes, oft neutrales Gefühl für den Partner ein. Ein Erbe aus Urzeiten: Der Nachwuchs war zu dieser Zeit aus dem Gröbsten raus.

Schuld an vielem ist **Sprachlosigkeit**. Alles dreht sich um Sex. In Büros und Umkleidekabinen, an Stammtischen und in den Medien – überall wird über Sex geredet. Nur nicht dort, wo es eigentlich Sinn macht: im Bett. Dabei wird die Überwindung süß belohnt. Wenn keiner weiß, was dem anderen gefällt, bleibt Sex häufig ein schaler Egotrip. **Bettgeflüster** ist wichtig. Denn guter Sex funktioniert ähnlich wie ein gutes Gespräch. Da ist unangestrengte Anstrengung im Spiel und das Bemühen, immer schön die Bälle zurückzubringen und möglichst lange im Spiel zu halten. Je besser der Mitspieler, umso besser auch das Spiel.

Sex ist sehr unkompliziert, wenn man von keinem Komplex, sondern von einem Bedürfnis geleitet wird.

Georges Simenon

10 Tipps für ein erfülltes Sexleben

1 **Sie wissen, was Sie wollen.** Und erkennen, dass Sex das beste Lebenselexier ist.

2 **Sie reden mit Ihrem Partner über sexuelle Vorlieben.** Und Sie probieren gemeinsam mit ihm auch mal aus, was sich bei Ihnen im Kopf abspielt.

3 **Sie akzeptieren Ihren Körper so, wie er ist.** Sie geben sich so, wie Sie sind. Das Licht bleibt beispielsweise an.

4 **Sie sind flexibel.** In Ihrem Sexleben gibt es keine abgenutzten Standardrituale (selber Ort, selbe Zeit, selbe Position).

5 Sie begeistern sich nicht nur für Sex, sondern Sie **sind auch sonst kreativ und genießen das Leben.**

6 Sie akzeptieren, dass zum Sex auch eine Portion **Wildheit und Heftigkeit** gehört. Nicht nur politisch korrektes Kuscheln und Schmusen.

7 Sie denken nicht darüber nach, ob das, was Sie tun, falsch sein könnte. **Sie haben erkannt, dass guter Sex auch Kontrollverlust bedeuten kann.**

8 **Sie haben mit Ihrem Partner Sex, wenn Ihnen danach ist.**

9 **Sie können sich fallen lassen.**

10 Sie warten nicht auf den großen, gewaltigen Augenblick, auf den Zaubermoment, in dem beide gleichzeitig von der Lust übermannt werden – **Sie terminieren Ihre Momente der Lust selbst.**

PERSÖNLICHES WACHSTUM

Begreifen Sie Probleme als Prüfungen, an denen Sie wachsen

Freudige Ereignisse machen das Leben zur Wonne, doch sie führen nicht zur Selbsterkenntnis, zu Wachstum und Freiheit. Dieses Privileg ist den Dingen, Menschen und Situationen vorbehalten, die uns Schmerzen bereiten.

Anthony de Mello

Er hat sich oft gewünscht, dass alles so bleibt, wie es ist. Zum Glück ist dieser Wunsch nicht immer in Erfüllung gegangen. Er hatte mal ein komplettes Familienglück. Dann, als sich seine Frau von ihm trennte, stürzte für ihn der Himmel ein. Er wehrte sich, konnte aber nichts aufhalten. Er litt. Vergrub sich. Ließ lange nicht los. Er, Ulrich Pramann, war ganz unten. Dann endlich konnte er sich öffnen. Eine erstaunliche Entwicklung begann. Er stellte sich ganz neue Fragen, lernte viel dazu. Über sich. Über sein Leben. Über seine Einstellung zum Leben: Vielleicht muss man erst durch die Hölle gehen, um zu spüren, was das Leben wirklich bedeutet. Vielleicht muss man sich erst verlieren, um zu begreifen, wo oben und unten, wo also der Himmel ist. In jedem schmerzlichen Ereignis steckt ein essenzielles Vitamin, das persönliches Wachstum erst ermöglicht und fördert. Schmerzliche Erfahrungen sind wie eine unbequeme, aber notwendige **Reise in unser Innerstes**. Sie offenbaren Illusionen und Zwänge, Abhängigkeiten und Verhaltensmuster, die uns gefangen halten und derer wir uns vielleicht nicht mal bewusst waren. Sie setzen einen längst fälligen Prozess in Gang, vor dem wir uns insgeheim gedrückt haben. Sicher, schmerzliche Erfahrungen deprimieren uns – und wie! Manche Menschen zerbrechen daran. Sie geben sich dem Suff hin oder geben ganz auf, resignieren oder machen gar Schluss mit dem Leben. Wer eine schmerzliche Erfahrung durchleidet und durchlebt, sie schließlich heil und gestärkt übersteht, wird fast immer mit einer neuen, wichtigen Selbsterkenntnis belohnt, einem außerordentlichen **Entwicklungsschritt**, den es sonst kaum gegeben hätte. Er hilft uns, unser

> Nicht wie tief du fällst, zählt – sondern wie hoch du zurückfederst.
>
> **Brian Tracy**

Potenzial zu entdecken und auszureizen, Klarheit zu gewinnen, Schlüsse zu ziehen, Veränderungen zuzulassen – also zu **wachsen**. Ständige Veränderung und Wachstum gehören zum Spiel des Lebens, sie sind Naturgesetz. Nichts bleibt so, wie es ist oder war. Die Welt, in der wir leben, verändert sich ständig. Das kann man beklagen, man kann es aber auch als Chance und spannende Herausforderung sehen. Die Natur lehrt uns jedes Frühjahr wieder, über Wachstumswunder zu staunen: Wie alles Große klein beginnt. Eine unscheinbare Raupe entpuppt sich als wunderschöner Schmetterling. Aus einer kleinen Eichel wächst eine mächtige Eiche heran. Pflanzen sind lebende Organismen, jeder einzelne Mensch auch. Wenn das Wachstum einer Pflanze, die immer das Licht sucht, stagniert, bedeutet dies zwangsweise, dass sie abstirbt. Die Natur kennt keinen Stillstand. Wenn wir aufhören zu wachsen bzw. uns zu entwickeln, dann sterben wir nicht zwangsweise ab. Aber wir haben aufgehört, wirklich zu leben. **In jedem steckt das Grundbedürfnis zu wachsen.** Doch Wachstum findet nur außerhalb der Komfortzone statt. Oft umhüllt uns ein Mantel der Bequemlichkeit. Wir leben lieber untertourig, statt Gas zu geben. Anstrengungen sollen vermieden werden. Wir wünschen uns ein angenehmes Leben. Oft müssen wir allerdings kurzfristig Schmerz in Kauf nehmen, um langfristig Freude zu verspüren.

Das Komische am Leben ist: Wenn man darauf besteht, nur das Beste zu bekommen, dann bekommt man es häufig auch.

William Sommerset Maugham

Nichts ist spannender, als die eigenen Fähigkeiten und Qualitäten zu entdecken, zu kultivieren und auszureizen. Wer bin ich? Was kann ich? Wo sind meine Grenzen? Was will ich wirklich? Legen Sie also klare Ziele fest, und überlegen Sie, wie hoch der Preis sein wird. Wenn Sie bereit sind, den Preis zu zahlen, dann bezahlen Sie ihn auch. Ohne Wenn und Aber. Sie sollten wissen und müssen akzeptieren, dass der Wind außerhalb der Komfortzone unangenehmer blasen wird, rauer, garstiger. Das kann und sollte zusätzlich stimulieren.

Eine ruhige See macht niemals einen guten Seemann.

Probleme sind intelligente Möglichkeiten, um zu wachsen.

Jörg Löhr

Denn jetzt haben Sie die Möglichkeit zu zeigen, was wirklich in Ihnen steckt – Sie haben endlich Gelegenheit, Ihr wahres Potenzial zu entfalten. Probleme bedeuten immer die Chance zu wachsen – an der Aufgabe, an der Herausforderung. **Wir wachsen an unseren Widerständen.** Nur wer das Prinzip des lebenslangen Lernens akzeptiert, wird letztlich im Spiel des Lebens erfolgreich sein. Teil dieser Spielregel ist auch das positive Verhältnis zu Problemen und zu Fehlern. Wir sind dazu da, um ständig zu lernen – und zu wachsen. Dazu sind Veränderungen nötig. Die können unbequem sein, oft bedrohlich wirken. Wir sollten Veränderungen aber als etwas Positives und Wichtiges sehen, sie schätzen und anerkennen. Wir können, wenn wir wirklich wollen, jede Situation ändern. Denn wir können in jeder Situation zumindest aus diesen drei Möglichkeiten wählen: **Love it, leave it or change it.** Verändern Sie, was Ihnen nicht passt (change it). Lassen Sie doch einfach, was Ihnen nicht gefällt (leave it). Oder lernen Sie das zu lieben, was Sie tun (love it). Natürlich hat keiner gern Probleme. Aber Probleme sind nun mal ein unangenehmer, unvermeidlicher Teil des Lebens.

Für erfolgreiche Menschen sind Probleme ein Hindernis auf dem Weg zum Ziel. Wir sind nicht auf der Welt, um zu stagnieren, um dahinzudämmern. Wir sind hier, um uns zu verändern – um zu wachsen.

Wenn man nie versucht, an seine Grenzen zu gehen, wird man niemals wissen, wie gut man sein könnte. Nur wer es nicht versucht, ist ein Versager.

Martina Navratilova

10 Tipps

Wie Sie Probleme anpacken & meistern

1 **Verändern Sie Ihre Sichtweise.** Sehen Sie Probleme mal positiv – als Herausforderung, als Chance oder Möglichkeit: Was will mir das Leben durch dieses Problem sagen? Was ist das Positive daran?

2 **Schauen Sie zu 90 Prozent auf die Lösung und nur zu 10 Prozent auf das Problem.** Denn jedes Problem vergrößert sich, wenn Sie eine negative, ablehnende Haltung einnehmen.

3 **Bereiten Sie sich mental vor.** Welche Schwierigkeiten können kommen, und wie reagieren Sie darauf? Kalkulieren Sie Rückschläge mit ein, aber fürchten Sie diese nicht. Je höher Ihr Ziel, desto größer Ihre Probleme.

4 **Bleiben Sie flexibel.** Kommen Sie mit Ihrer Methode weiter? Wenn nicht, ändern Sie Ihre Strategie so lange, bis sie praktikabel ist.

5 **Suchen Sie nach Vorbildern**, die ähnliche Schwierigkeiten erfolgreich gemeistert haben, und lernen Sie daraus. Betrachten Sie deren Strategie.

6 **Listen Sie schriftlich alle möglichen Problemlösungen auf**, die Ihnen einfallen – ohne sie zu bewerten. Wägen Sie ab, und entscheiden Sie, welche Lösung die beste ist. Dann entwickeln Sie sofort einen Aktionsplan.

7 **Machen Sie sich Ihr Ziel bewusst.** Klare Ziele helfen über Niederlagen hinweg.

8 **Kommen Sie ins Handeln.** Sofort! Übernehmen Sie Selbstverantwortung. Das schafft Souveränität.

9 Wir können vor Problemen nicht weglaufen. **Wir können Probleme am besten lösen, wenn wir aktiv werden.**

10 **Akzeptieren Sie, dass Sie eventuell niedergeschlagen sind.** Die entscheidende Frage ist nur: Wie lange?

EINFACH MEHR VOM LEBEN

ZIELKLARHEIT · BEGEISTERU

GELASSENHEIT · HUMOR · IN

KREATIVITÄT · MUT · OPTIM

NEGATIVE EMOTIONEN · WILL

DIE TU

NG · FLEXIBILITÄT · GEDULD
TUITION · KONZENTRATION
SMUS · SOZIALE KOMPETENZ
NSKRAFT · VERANTWORTUNG

GENDEN

ZIELKLARHEIT

Bestimmen Sie als Erstes, wohin die Reise geht

Ziele beginnen mit Träumen – Träume sind jedoch noch keine Ziele.
Das Leben stellt seine Ampeln nur für die auf Grün, die wissen, wohin sie wollen.

Für Autos gibt es Navigationssysteme, die uns auf dem schnellsten Weg zum Ziel bringen sollen. Das funktioniert aber nur, wenn wir zunächst das gewünschte Ziel eingeben. Je genauer die Zieldaten, desto näher führt uns das System zum gewünschten Ort. Selbst wenn wir mal eine Abbiegung versäumen, errechnet der Computer die neue Strecke auf Basis des neuen Standortes. Wir können unterwegs durchaus Fehler machen, nur ein Fehler wäre fatal: **Wenn das genaue Ziel fehlt.** Das ist im richtigen Leben genauso. Da entspricht unser Gehirn dem Navigationssystem. Klar, es funktioniert auch ohne Zieleingabe. Aber nicht zu wissen, was man will, was man soll, nicht zu wissen, was man kann – was nützt da individuelle Freiheit, wenn wir orientierungslos sind. Ratlos. Erfolglos. Ziele sind ohne genaue Zielvorstellung schwer zu erreichen. Die Umwelt verändert sich ständig, wir müssen permanent Neuland betreten. **Ziele wirken wie ein Kompass**, der uns hilft, auch in schwierigen Situationen den richtigen Weg zu finden. Wenn wir keine präzise Zielvorstellung haben, verpulvern wir sinnlos Energie. Es ist wie beim Schießen. Da macht es einen gewaltigen Unterschied, ob wir wahllos mit einem Schrotgewehr oder mit einem präzisen Laserstrahl auf ein Ziel feuern. Oh ja, ein Schuss Schrot streut gewaltig, und mit Glück treffen wir das Ziel. Aber wenn wir einen Laserstrahl auf das Ziel richten, kann er den härtesten Stahl durchdringen.

Auch wir müssen zum Erreichen des Ziels unsere Energie bündeln. Die wichtigsten Fragen dafür sind: **Was genau will ich eigentlich?** Was sind meine Werte, meine genauen Ziele? Was will ich erhalten, was vermeiden?

Es gibt drei Etappen zu jedem Ziel. Erstens: **Legen Sie Ihr Ziel fest.** Zweitens: **Bestimmen Sie**

> Wer sein Ziel kennt, findet den Weg.
>
> LAOTSE

> Es ist erstaunlich,
> was du erreichen kannst,
> wenn du etwas findest,
> woran du glaubst.
>
> **Marion Jones**

den Preis, den Sie zahlen müssen. Drittens: **Zahlen Sie den Preis.** Kaum ein Ziel lässt sich auf direktem Weg erreichen. Rechnen Sie also mit Rückschlägen. Dass die kommen, ist ganz natürlich. Rückschläge sind wie Prüfungen: Will ich das Ziel wirklich erreichen?

Ein Ziel ist wie ein Erfolgsmagnet. Mit einem klaren Ziel vor Augen lassen sich schwere Phasen und harte Zeiten besser überstehen. Denn Ziele wirken hier wie ein Wegweiser. Die Zielvision sorgt für neue Lebensenergie und gibt die Kraft loszulaufen. Zudem zeigen uns Ziele, wann wir etwas erreicht haben. Und das ist eine gute Basis für unser Selbstvertrauen.

Wir sollten uns vor allem auch über die wichtigste Frage Klarheit verschaffen: **Was ist der Sinn meines Lebens?** Dazu seien ein paar Gedanken des Psychologen Viktor E. Frankl wiedergegeben, der als einer von wenigen das Konzentrationslager überlebte. Der Gedanke daran, seine Frau in Freiheit wiederzusehen, gab ihm den unbegrenzten Überlebenswillen. Später stellte er Studien an, welche Menschen warum die Hölle überlebten. Er fand heraus: Es waren nicht unbedingt jene, die besonders fit oder klug waren. Nein, diese Menschen hatten einen ganz besonderen Grund, der sie durchhalten ließ. Sie hatten ein ganz klares Ziel. Frankl entwickelte eine interessante Theorie: Alles Streben nach Glück, nach Selbstverwirklichung, Erfüllung bleibt erfolglos, wenn es uns nicht gelingt, einen **ganz persönlichen Sinn im Leben** zu finden. Je weniger der Mensch um sein Ziel weiß, desto mehr beschleunigt er auf seinem Lebensweg das Tempo. Je zahlreicher die Wahlmöglichkeiten, desto beliebiger, bedeutungsloser jedes Gewählte, desto hektischer die Sinnsuche. Der erste Sinn des Lebens: **Erleben statt konsumieren.** Wenn wir die Natur oder andere Menschen bewusst erleben, wenn wir sie Tag für Tag in ihrer Einzigartigkeit wahrnehmen, wenn wir jeden Tag als Geschenk begreifen. Der zweite Sinn des Lebens: **Ein Werk schaffen.** Wenn wir eine Aufgabe hingebungsvoll und kreativ anpacken, wenn wir mit Spaß bei der Sache sind. Das kann auch Kindererziehung sein. Der dritte Sinn des Lebens: **Hinnehmen, was nicht zu ändern ist.** Selbst wenn alles hoffnungslos erscheint (Trennung, Trauer, Leid), sind wir doch fähig, unsere Einstellung zum Geschehenen zu verändern.

Ziele müssen motivieren und herausfordern.

Ziele müssen positiv formuliert sein.

Ziele müssen konkret sein.

Ziele müssen glaubhaft und erreichbar sein.

Ziele müssen schriftlich festgelegt werden.

10 Schritte zum Ziel

1 Entwickeln Sie ein inneres Verlangen, die Bereitschaft, etwas Besonderes zu bewegen. Schaffen Sie gleichzeitig die Überzeugung, das Vertrauen, den Glauben, dass alles machbar ist, was Sie sich vorstellen können.

2 Erstellen Sie Ihren Wunschzettel. Schreiben Sie wahllos alle kurz- oder langfristigen Ziele auf, die Sie erreichen wollen.

3 Legen Sie für jedes Ziel einen Zeitrahmen fest. Schreiben Sie auf, wie lange Sie zur Realisierung brauchen.

4 Wählen Sie nun Ihre wichtigsten fünf Ziele aus, die Sie innerhalb von zwei bis drei Jahren erreicht haben müssen.

5 Begründen Sie nun (schriftlich), warum Sie dieses Ziel unbedingt erreichen müssen. Ist Ihr Warum groß genug, dann finden Sie das Wie.

6 Überlegen Sie, welche Probleme, Hindernisse Ihnen auf dem Weg zum Ziel begegnen können. Überlegen Sie, wie Sie diese lösen, wegräumen oder umgehen können.

7 Verdeutlichen Sie sich, was Sie für das Erreichen Ihres Ziels brauchen: welches Wissen, welche Informationen, Kenntnisse, Fähigkeiten oder Voraussetzungen. Welche Menschen, Institutionen, Firmen können Sie ansprechen bzw. auf Ihrem Weg zu Ihrem Ziel nutzen?

8 Entwerfen Sie einen genauen Aktionsplan. Wer macht was bis wann? Sie finden in diesem Plan die einzelnen Aktionsschritte, Termine und Prioritäten.

9 Visualisieren (vergegenwärtigen) Sie Ihre Ideen und Ziele in sinnliche, emotionale Bilder. Sehen Sie vor Ihrem inneren Auge immer wieder, wie Sie Ihr Ziele erreichen. Sie erhöhen dadurch Ihr Verlangen sowie Ihre Überzeugung und aktivieren Ihr Unterbewusstsein.

10 AUFGEBEN?

Treffen Sie mit sich eine Vereinbarung, dass Sie niemals aufgeben werden, wirklich niemals. Niemals!

NIEMALS!

BEGEISTERUNG

Lassen Sie stets die Leidenschaft Ihr Handeln bestimmen

Begeisterung und Hingabe sind der beste Brennstoff für erfolgreiches Handeln. Begeisterung kann zu unglaublichen Leistungen beflügeln.

Hingabe, Leidenschaft, Enthusiasmus. Begeisterung ist wie ein loderndes Feuer in uns. Wenn wir begeistert sind, können wir fast alles schaffen. Begeisterung macht den Unterschied aus zwischen Siegern und Verlierern. Wer begeistert ist, entwickelt enorme Ausdauer, er reißt andere mit, spornt sie an, bewegt sie. Das wiederum hilft, die eigenen Ziele zu erreichen. Denn das setzt ungeahnte Kräfte, neue Energie frei. **Begeisterung ist die positive Kraft der Zuversicht.** Begeisterung wirkt fast wie eine physische Kraft, die Mittelmäßiges in etwas Tolles verwandeln kann. Als würde Wasser in Wasserdampf umgewandelt, wozu nur ein Grad Temperatur mehr nötig ist. Und dieser Wasserdampf kann dann die größten Maschinen antreiben. **Begeisterung kommt von innen.** Echte Begeisterung ist ansteckend und mitreißend. »Begeisterung erwirbt man, wenn man an das glaubt, was man macht, und an sich selbst, wenn man etwas Bestimmtes erreichen möchte«, schrieb Dale Carnegie.

Begeisterung – das ist der Glanz in den Augen, das ist der Schwung, das ist die **Vorfreude** und **Lust für eine Sache**, die wir für sehr wichtig halten. Die wir unbedingt tun wollen. Deshalb ist es so wichtig, klare, attraktive Ziele zu finden und zu formulieren, für die sich der Totaleinsatz wirklich lohnt. Wenn Sie sie gefunden haben, bringen Sie automatisch Begeisterung in die Sache ein. **Begeistern Sie sich selbst.** Ja, tun Sie auch das Gewöhnliche mit ungewöhnlicher Begeisterung. Niemand kann gezwungen werden, Besonderes zu leisten. Die dafür nötige Energie ist nur da, wenn Sie etwas wirklich wollen. In Reinhold Messners Südtiroler Burg Juval steht über der Haupttür des großen Saals ein lateinischer Wahlspruch: »Vinciturus vincero«. Das heißt übersetzt: Wer zum Sieg bestimmt ist, wird siegen. Aber auch: Wer sich selbst als Siegender

> Ohne Begeisterung ist noch nie etwas Großes geschaffen worden.
>
> **Ralph Waldo Emerson**

> Wie im Alphabet B vor E kommt, so kommt im Leben Begeisterung vor dem Erfolg.
>
> **Jörg Löhr**

sieht, wird siegen. Oder auch: Diejenigen, die sich zum Sieg bestimmen, werden siegen. Der Spruch aus dem Jahre 1548 drückt klar aus, dass Motivation nur aus unserem Inneren kommen kann. Messner: »Wer nicht besessen ist von dem, was er tut, wird wenig Lust dabei empfinden und ebenso wenig Erfolg dabei haben. **Begeisterung und Erfolg gehen Hand in Hand.**« Nur wenn uns Dinge bedeutsam erscheinen, engagieren wir uns auch dafür. Aber: **Die Sache muss es wert sein.** Wenn wir sie dann in Angriff nehmen, zum Ziel kommen, gewinnen wir dadurch Lebensfreude – mithin Lebensenergie. Dagegen kostet es immer viel Überwindung und Energie, unwichtige Sachen zu erledigen. Denn wenn uns eine Sache weniger wichtig ist, lästig oder wertlos, fehlt das Wichtigste: Die Motivation. **Motivation ist das Motiv für Aktion.** Motivation ist jene treibende Kraft im Leben, die unsere Gefühle und Handlungen bestärkt, erfolgreich zu sein. Motivation ist die wichtigste Triebfeder, die Ausdauer verleiht und Widrigkeiten überwinden hilft. Das Lexikon erklärt: Motivation ist die Bereitschaft zu einem bestimmten Verhalten. Motivation hängt von der inneren Bereitschaft und gewissen Außenreizen ab. Größtes Missverständnis: Wer nur auf die »Motivierung« durch andere wartet, denkt völlig falsch. Wirksame Motivation kann ich von nirgendwo, von niemandem erwarten, die bekomme ich nicht frei Haus geliefert. Motivation kann ich auch in keinem Buch erwarten – nur in mir selbst finden. Begeisterung ist ein Gefühl, das aus unserem Inneren entspringt. Allerdings: Dieses Buch will, kann und soll die nötige Inspiration liefern und letztlich Motivation auslösen und Begeisterung entzünden – das Feuer der Begeisterung. Es ist das Geheimnis aller erfolgreichen Menschen.

> Die Begeisterung ist das tägliche Brot der Jugend. Die Skepsis ist der tägliche Wein des Alters.
>
> **Pearl S. Buck**

7 Tipps zu mehr Begeisterung

1. **Setzen Sie sich attraktive Ziele,** und sorgen Sie dafür, dass Ihre persönlichen Werte in Ihren Zielen enthalten sind.

2. **Entscheiden Sie sich für vollen Einsatz.** Setzen Sie sich bei allem, was Sie tun, voll ein. Verbannen Sie Halbherzigkeit aus Ihrer Gedankenwelt.

3. **Legen Sie Emotion und Begeisterung in Ihre Worte.** Zeigen Sie auch durch Ihre Körperspannung Ihre Begeisterung.

4. **Stellen Sie sich das Erreichen dieses Zieles in allen Einzelheiten vor.** Durch diese »Visualisierung« lösen Sie im Gehirn die nötige emotionale Intensität aus, die Begeisterung in Gang setzt und am Leben hält.

5. **Denken Sie nicht nur darüber nach – handeln Sie.** Begeistern Sie sich für Ihren Job. Und wenn Sie nichts finden, suchen Sie weiter. Lassen Sie Ihre Umwelt erkennen, dass Ihre Person für Begeisterung steht.

6. **Erledigen Sie das Gewöhnliche mit ungewöhnlicher Begeisterung.** Entdecken Sie auch bei ungeliebten Tätigkeiten die positiven Aspekte, und begeistern Sie sich dafür.

7. Fragen Sie sich jeden Morgen:
Was ist das Besondere an diesem Tag?
Und freuen Sie sich darauf.

FLEXIBILITÄT

Seien Sie immer offen für Veränderungen

Leben ist Bewegung. Bewegung ist Veränderung.
Nur wer bereit ist, sich zu verändern, wird etwas bewegen.
Flexibilität bestimmt die Zukunft.

Stellen Sie sich vor, Sie haben sich für Sonntagmittag mit Freunden zum Picknick verabredet. Draußen, wo die Sonne lacht und die Vögel zwitschern. Jetzt ist es Sonntagmorgen. Die Vögel zwitschern tatsächlich, aber es regnet leider in Strömen. Werden Sie sich also mit Ihren Freunden gemütlich in den Regen setzen? Sicher nicht. Sie werden bestimmt umplanen. Sie können also flexibel sein.

Stimmt, niemand kann zuverlässig in die Zukunft sehen. So viel aber steht fest: Unsere Welt wird sich mit immer größerer Geschwindigkeit verändern. Lange Zeit galt diese Maxime: Die Großen fressen die Kleinen. Auch hier haben sich die Zeiten geändert. Jetzt gilt: **Die Schnellen fressen die Langsamen.** Nur wer flexibel reagiert, wird sich in dieser sich ständig verändernden Welt auf Dauer zurechtfinden. Flexibilität wird eine der wichtigsten Eigenschaften der Zukunft sein. Machen Sie folgenden **Test**: Spielen Sie doch mal mit Ihren Kindern an der Playstation oder mit Computerspielen. Schon nach ein paar Minuten wissen Sie, was Ihr Wissen und Ihre Erfahrung in der Welt der Jungen noch wert sind. Sich an Bewährtes klammern? Vergangenem hinterhertrauern? Gewohntes festhalten? Das, was gestern gut war, müssen wir heute infrage stellen und morgen wieder anders machen. Wer denkt heute noch im Ernst daran, irgendwann mal sein 25-jähriges Firmenjubiläum zu erleben, mit Rede und Schnittchen, Wandteller und Blumenstrauß? Für die meisten ist so eine Vorstellung längst eine Lachnummer, ein **Auslaufmodell**. In der schönen Neuen Welt Amerika gibt es Millionen Selbstunternehmer, die flexibel sind und sein müssen. Jeder Dritte arbeitet schon als Freiberufler. Heute dieses Projekt, morgen einen anderen Job und übermorgen woanders eine ganz andere Aufgabe – ganz normal.

> Wenn du ein Pferd zu Tode geritten hast, steig ab.
>
> **Indianische Weisheit**

Die größte Schwierigkeit der Welt besteht nicht darin, Leute zu bewegen, neue Ideen anzunehmen, sondern alte zu vergessen.

John Maynard Keynes

Ob wir wollen oder nicht: Nicht nur die Arbeitswelt, **alles wird sich in Zukunft rasant verändern**. Es hilft nichts, sich diesen Veränderungen zu verweigern. Wer nicht flexibel ist, fällt raus – so einfach ist das.

Der amerikanische Kolumnist Stanley Crouch vergleicht unser Berufsleben im angebrochenen digitalen Zeitalter, in dem Informationen immer schneller fließen, wir die Arbeitswelt ständig neu erfinden, mit einem **Jazzensemble**. Wir werden auf Dauer immer mehr improvisieren müssen. Dabei werden wir immer mehr Fantasie entwickeln, aber auch mehr Selbstvertrauen gewinnen – und die Angst vor Veränderungen immer mehr verlieren.

Wir müssen uns anspruchsvolle Ziele stecken und schnell ins Handeln kommen. Anschließend müssen wir überprüfen, ob die Aktion bzw. die Verhaltensweise zum Ziel geführt hat. Wenn nicht, müssen wir die Strategie so lange **flexibel verändern**, bis das Ziel erreicht ist. Nicht die Anpassung der Ziele, sondern die Flexibilität in der Vorgehensweise ist gefragt.

Nehmen wir uns ein Beispiel an Richard Blechnyden. Der fuhr 1904 zur Weltausstellung nach St. Louis, um dort indischen Tee zu promoten. Es war sehr heiß an diesem Tag, und die Kundschaft hatte alles andere im Kopf als seinen heißen Tee. Blechnyden musste mit ansehen, wie sich die Leute auf kühle Getränke stürzten. Es war zum Verzweifeln. Aber der Teemann verzweifelte nicht. Er war flexibel, er dachte um. Er ließ seinen Tee abkühlen, mixte Zucker hinein und verkaufte das Getränk – ein neues Getränk feierte Weltpremiere: Eistee.

Wenn das kein beweiskräftiges Beispiel ist: Wer mit dem Rücken zur Wand steht, kann nur nach vorne gehen.

Nichts ändert sich, außer ich ändere mich.
Alles verändert sich, sobald ich mich selbst verändere.

7 Überzeugungen

in Richtung Veränderung

1 Ich akzeptiere, dass alles im Leben in Bewegung ist. **Ich kann Altes loslassen – für etwas besseres Neues.**

2 Ich vertraue mir: **Ich weiß, dass ich die meisten Fertigkeiten, die ich brauche, in mir habe oder sie mir aneignen kann.**

3 Ich allein bin verantwortlich für mein Leben.

4 Ich muss nicht immer perfekt sein.

5 Ich kann andere bitten: **um Rat, um Hilfe, um Unterstützung .**

6 Ich kann die negative Seite eines Problems ausblenden **und vor allem die positiven Aspekte sehen.**

7 Ich kann (fast) alles, was ich will. **Mein Gehirn lernt schnell.**

GEDULD

Seien Sie beharrlich und diszipliniert – geben Sie nicht gleich auf

Alles braucht seine Zeit. Den richtigen Zeitpunkt abwarten zu können, auf das richtige Timing zu setzen – dieses Naturgesetz gilt besonders in unseren schnelllebigen Zeiten.

Er ist clever. Er kann was und hat was drauf. Er ist gnadenlos. Er hat seine Chance genutzt. Aus Mist macht er Gold. Er sieht nicht gerade wie ein Showstar aus, aber er ist ein Gewinner, in der Branche der bewegten Bilder, und ist sogar an der Börse. Er wartete geduldig auf seine Chance. Er lehnte alles ab, was ihn nicht hundertprozentig interessierte. Er feilte an seinem Können. Er spielte Schlagzeug. Er komponierte aber auch Werbemusik und produzierte Jingles. Er ging damit zum Musiksender Viva, und die nahmen diesen frechen, bunten Hund gleich als Moderator ins Programm. Er hatte außerdem die Idee für eine eigene Show. Er produzierte die Sendung für eine halbe Million Mark: Mit frechen Sprüchen kommentierte er den ganzen gesendeten Fernsehmüll – »TV total«. So wollte damals aber keiner seine Sendung. Doch er wollte sie genau so und nicht anders – also ließ er sie in seinem Archiv liegen. Nach zwei Jahren war die Zeit dann schließlich reif. Auf Pro 7 wurden Stefan Raab und »TV total« die Attraktion schlechthin.

Es waren bestimmt **Beharrlichkeit, Geduld und Selbstdisziplin**, die Raab zur großen Nummer gemacht haben. Disziplin ist der Schlüssel zur Selbstkontrolle und zur Macht über sich selbst. Selbstdisziplin ist die Fähigkeit, den eigenen Willen, die Gedanken und das Verhalten zu kontrollieren. Nur mit einer großen Portion Selbstdisziplin tun wir auch alles, was für den Erfolg zu tun ist, und schaffen es auch dann, wenn wir uns eigentlich nicht danach fühlen. Statement von Steffi Graf: »Viele Mädchen haben das Zeug zu einer großen Tenniskarriere, aber nur wenige haben die Selbstdisziplin, die dazu nötig ist.«
Alles braucht seine Zeit.

Geduld ist ein Baum, dessen Wurzel bitter, dessen Frucht aber sehr süß ist.

Chinesisches Sprichwort

Wie arm sind jene, die keine Geduld haben. Welche Wunde heilt anders als nach und nach?

Shakespeare

Den richtigen Zeitpunkt abwarten können, auf das richtige Timing setzen – in diesen schnelllebigen Zeiten wird das gern vergessen oder als langweilig abgetan. Ungeduldig sein – das gehört zu den beliebten menschlichen Schwächen. Jetzt was tun und möglichst sofort das Ergebnis sehen. Wir leben in einer Zeit, in der nicht nur alles leicht, sondern vor allem **schnell** gehen muss, am besten ohne Anstrengung. Möglichst nichts dafür tun und möglichst alles in null Komma nichts geliefert bekommen. In zwei Wochen eine Bikinifigur, in drei Wochen einen Waschbrettbauch, in drei Jahren die erste Million. Besser noch in drei Monaten.

Stephen King (»Es«, »Shining«, »Sara«), heute einer der bestverdienenden Schriftsteller der Welt, begann Horrorstorys zu schreiben, weil er als Lehrer keinen Job fand. Er verdiente sein Geld als Tankwart, Bügler – und er schrieb nebenbei seine Geschichten. Aber die wollte keiner drucken. Er verfiel dem Selbstmitleid, dem Suff – aber er schrieb beharrlich weiter. Erst sein fünfter Roman, »Carrie«, wurde – nach 30 Absagen – gedruckt und ein Millionenseller. Wie alles, was er jetzt schreibt. Der junge Cartoonist **Walt Disney** musste 302 Banken abklappern, ehe man ihm einen Kredit gewährte, mit dem er »den glücklichsten Ort auf der Welt« schaffen konnte – Disneyland. Beharrlich sein, geduldig an einer begonnenen Sache dranbleiben – das ist sehr schwer. Viel leichter, viel verführerischer, viel aktueller wäre es, einfach aufzugeben.

Der Weg zum Lebenserfolg ist kein bequemer Fahrstuhl, sondern eine Treppe. Nach jedem Hoch folgt eine Durststrecke, in der oft lange Zeit nichts geschieht. Daran verzweifeln die meisten Menschen. Doch wenn Sie Geduld und Disziplin aufbringen, weitergehen, dann geschieht auf einmal etwas Gewaltiges in Ihrer Entwicklung. Geben Sie sich die nötige Zeit, und verzagen Sie nicht bei den ersten Rückschlägen. Alles braucht seine Zeit – das ist ein **Naturgesetz**. Blumen wachsen auch nicht schneller, wenn man an ihnen zieht.

7 Tipps für mehr Geduld & Ausdauer

1 **Sehen Sie das, was Sie vorhaben, wie einen Marathon.** Der Marathon wird auch nicht auf dem ersten Kilometer entschieden.

2 Machen Sie sich immer wieder klar: **Jeder Erfolg braucht Zeit.** Kalkulieren Sie das in Ihre Aktivitäten und Pläne ein.

3 Visualisieren Sie. Schaffen Sie vor Ihrem geistigen Auge ein klares Bild, wie Sie **Ihr Ziel mit Ausdauer erreichen**.

4 **Setzen Sie sich Teilziele.** Belohnen Sie sich zwischendurch für kleine Erfolge.

5 **Verlieren Sie sich nicht in Details.** Behalten Sie immer das große Ganze im Auge.

6 **Trainieren Sie Ausdauer** in anderen Lebensbereichen. Laufen Sie einen Marathon. Lesen Sie ein Jahr lang monatlich zwei Fachbücher.

7 **Erzeugen Sie sich externen Druck.** Erzählen Sie Leuten in Ihrer Umgebung, was Sie bewegen wollen. Schließen Sie Wetten ab.

GELASSENHEIT

Take it easy – das Leben ist schwer genug

Gelassenheit ist die wunderbare Fähigkeit, stets souverän zu sein. Geschehenlassen können, zulassen können, loslassen können sind wichtige und unverzichtbare Voraussetzungen.

Das Wetter ist, wie das Wetter ist – da hilft auch alles wettern nicht. Wir können im Leben viel, aber längst nicht alles beeinflussen. Vieles stößt uns einfach zu. Zufälle, Unfälle, Unglück, Krankheiten, Eigenarten anderer, die wir nicht ändern können. Menschen können gemein, unverträglich, unverschämt und undankbar sein. Wie gut, wenn wir dann nicht immer sofort auf Kampf aus sind, sondern ihnen oder den Umständen ungerührt und gelassen gegenübertreten können. Nein, **Gelassenheit** hat nichts mit Resignation, Pessimismus, Passivität oder Alles-egal-Fatalismus zu tun. Oder Gleichgültigkeit. Das heißt, irgendwie in gewisser Hinsicht doch: Wir sollten uns gegenüber gleichgültigen Dingen auch **gleichgültig verhalten**.

Gelassenheit ist die Kunst, unterscheiden zu können, was in unserer Macht steht – und was nicht. Gelassenheit ist die Fähigkeit, souverän zu reagieren, **souverän zu sein**. Gelassenheit heißt: Geschehenlassen können, zulassen können und nicht zuletzt auch loslassen können.

Bekanntlich sind Affen gewitzte und gewandte Tiere, also auch sehr schwer zu fangen. Die Eingeborenen in Malaysia haben eine ganz simple Methode entwickelt. Sie legen ausgehöhlte Kokosnüsse unter Bäume, die von Affen favorisiert werden. In den Kokosnüssen sind Reiskörner drin. Die Löcher in den Nüssen sind gerade so groß, dass ein Affe reinfassen kann. Neugierige Affen fassen natürlich rein, packen ein paar Reiskörner – und bleiben mit der Pfote stecken, weil

Der Gelassene nutzt seine Chance besser als der Getriebene.

Thornton Wilder

Herr, gib mir die Gelassenheit,
die Dinge hinzunehmen,
die ich nicht ändern kann.

Gib mir den Mut,
die Dinge zu ändern,
die ich ändern kann.

Und schenke mir die Weisheit,
das eine vom anderen zu
unterscheiden.

es ihre Gier nicht erlaubt, sie wieder zu öffnen. Mit einer Kokosnuss um die Pfote kann selbst ein geschickter Affe nicht klettern. Affen sind also ein leichter Fang – weil sie nicht loslassen können. Geht es uns nicht allzu oft ganz genauso?

Das Prinzip Loslassen. Was uns nicht viel bedeutet, können wir leicht loslassen. Schwieriger wird die Sache, wenn wir an etwas hängen. An einem Menschen, an Gewohnheiten, an Besitz, an Überzeugungen. Aber Leben bedeutet nun mal Veränderung. Was wir festhalten, kann sich nicht mehr bewegen, kann nicht mehr fließen.

Die Fähigkeit, im Hier und Jetzt zu leben – das bedeutet letztlich loslassen. Gelassenheit ist somit eine erstrebenswerte Lebenshaltung. Es gibt kein besseres Motto als dieses: **Ärgere dich nicht über Kleinigkeiten.** Und: Alles, was dich nicht umbringt, sind Kleinigkeiten. Manches, nein vieles, lässt sich einfach nicht erzwingen.

Bauen Sie **innere Vorschriften** ab, und bauen Sie **Vertrauen** auf. In sich. In Situationen. Wer es schafft, mehr Gelassenheit in sein Leben zu bringen, ist weniger gestresst. Gelassenheit ist gut gegen sinnlose Sorgen, unnötige Nervosität und überflüssiges Energieverpulvern. Gelassenheit ist **das gute Gefühl, dass genau das passieren wird, was passieren muss.** Und das zur richtigen Zeit. Ich kenne keine bessere Lebenseinstellung als die eines Meisters der Gelassenheit, der sagte: Wenn es das Richtige für mich ist, wird es geschehen; wenn nicht, war es nicht das Richtige.

10 Tipps für mehr Gelassenheit

1 Sie haben panische Angst vor Fehlern? **Machen Sie Fehler, ganz bewusst und wohldosiert!** Damit Sie erfahren, dass Fehler keine Katastrophe sind. Denn: Menschen mögen Menschen, und Menschen machen Fehler.

2 **Fragen Sie Freunde und Kollegen,** wie diese bestimmte Situationen bewerten. Sprechen Sie mit Ihren Vertrauenspersonen über Ihre Ängste.

3 **Stellen Sie sich den Super-GAU vor, ehe Sie ein neues Projekt beginnen.** Was könnte schlimmstenfalls passieren? Wären die Konsequenzen wirklich so unerträglich?

4 **Setzen Sie Prioritäten.** Listen Sie auf, was sofort erledigt werden muss und was warten kann. Zauberfrage: Was ist mir im Moment wirklich wichtig?

5 Versuchen Sie mal, »das Pferd von hinten aufzuzäumen«. **Legen Sie erst das Ziel, dann die Schritte zum Ziel fest.**

6 **Schrauben Sie überhöhte Ansprüche zurück,** messen Sie sich nicht ständig mit anderen. Sie sind jemand – diese Gewissheit sollte reichen.

7 **Stellen Sie Distanz her:** Wie wichtig ist die Angelegenheit in einem Jahr?

8 **Seien Sie kompromissbereiter,** und befreien Sie sich von zwanghaften Denkmustern.

9 **Vergessen Sie nicht die wirklich wichtigen Zusammenhänge,** bevor Sie sich in Details verstricken.

10 **Lernen Sie, auch mal »NEIN!« zu sagen!**

HUMOR

Wäre doch gelacht, wenn das Leben nichts zum Lachen bietet

Ein kluger Mensch hat es einmal wunderbar auf den Punkt gebracht: Humor wirkt wie ein Fernglas, das wir umdrehen. Aus dieser Perspektive sieht jedes Problem kleiner aus.

Dieses Sprichwort kennen wir doch: Lachen ist gesund. Auch wenn es so banal klingt, es stimmt. Lachen ist wirklich die beste Medizin. »Die Ankunft eines guten Clowns ist für die Gesundheit einer Stadt wertvoller als 30 mit Medikamenten beladene Esel«, diagnostizierte ein Dr. Thomas Sydenham bereits im 17. Jahrhundert.

Lachen vertreibt Angst und Kummer aus unserem Leben. **Lachen ist die beste Klimaanlage für das Miteinander.** Lachen drückt unsere Überlegenheit über alles aus, was uns widerfährt. Denken Sie an die Unverschämtheiten von Harald Schmidt (»Dirty Harry«). So ein schlagfertiger Kerl wirkt, weil er sich um nichts schert, einfach vollkommen souverän.

Mehr noch: Lachen wirkt sogar medizinisch wie ein **Allheilmittel**. Das alles wird durch herzhaftes Lachen mobilisiert: Die Gesichts-, Schulter-, Zwerchfell- und Bauchmuskulatur, der Herzschlag beschleunigt sich, der Blutdruck wird erhöht, der Atem schneller, die Sauerstoffzufuhr ins Blut verbessert; nach einem Lachanfall wird auch die **Entspannung** deutlich gefördert.

Ein kräftiges Lachen – wenn Ihnen also die Puste wegbleibt, wenn Sie sich den Bauch halten, wenn Tränen in die Augen schießen – so ein Lachen ist eine geradezu geniale Leibesübung. Lachen ist wie **»inneres Jogging«**, sagt Professor Gerhard Uhlenbruck, Direktor des Instituts für Immunbiologie an der Universität Köln. Der Lachende wie auch der Läufer schalten ab, gewinnen Stressresistenz, fühlen sich in gewisser Weise **glücklich, ja euphorisch**. Zudem werden eine ganze Reihe von Neurotransmittern und Substanzen aus der Endorphinfamilie mobilisiert. Das stärkt die **Immunabwehr** derart, dass Infektionen und

Humor ist die Lust zu lachen, selbst wenn einem zum Heulen zumute ist.

WERNER FINCK

Wenn du lachen kannst, bist du der Herrscher der Welt!

Roberto Benigni

sogar Krebs eine weitaus geringere Chance haben, sich durchzusetzen. Frohsinn belebt unbestreitbar die Stimmung.

Indes – wissenschaftlich ausgedrückt klingt Lachen lächerlich: »Ein psychophysiologischer Reflex, ein stoßweises, rhythmisches, spasmodisches Ausatmen mit offener Stimmritze und vibrierenden Stimmbändern, oft einhergehend mit Entblößen der Zähne und Grimassen«.

Traurig, aber wahr: Im Durchschnitt lachen wir nur sechs Minuten am Tag. Komisch, in den fünfziger Jahren, als die Menschen weniger zu lachen hatten, waren es noch 18 Minuten. Kinder lachen am Tag bis zu 500-mal, Erwachsene gerade lächerliche 29-mal. Der durchschnittliche Lacher dauert übrigens ganze sechs Sekunden, dabei sind 15 Muskeln aktiv. Wussten Sie, dass bei einem herzhaften Lacher der Atem Spitzengeschwindigkeiten von 100 Stundenkilometern erreicht? Wenn das nicht Kümmernisse wegfegt.

Wer lacht, gewinnt. Oftmals kann ein Lächeln, ein grandioses Lachen Kickstart für die Karriere sein. Denken Sie z. B. an Julia Roberts. Ihr Lachen, ihr gewinnendes Lächeln ist ihr Markenzeichen. Es betört Millionen – und es beschert ihr Millionen. Ohnehin ist Humor ein **zuverlässiger Erfolgsfaktor**. Natürlich sollten Sie Ihren Job ernst nehmen, aber wer zudem auf der Spaßwelle surft, kommt überall gut an. Auch im Bekanntenkreis sind lustige Vögel, die Tiefsinn und Flachsinn zu Frohsinn paaren können, allseits beliebt. Und was macht einen Partner besonders attraktiv? Genau! **Humor steht auf der Wunschliste ganz oben**, Humor ist noch anziehender als Idealmaße oder ein dickes Konto.

Der Sinn für Humor ist eine wunderbare Qualität, eine Grundhaltung, eine Lebenseinstellung: gelöst, freundlich, positiv. Wer Humor hat, wer lachen kann, kann damit Kränkungen entschärfen, Belastungen abfedern, Ärger in Schach halten. Joachim Ringelnatz sagte einst: **»Humor ist der Knopf, der verhindert, dass uns der Kragen platzt.«** Humor und Lachen sind das beste Gelassenheitselixir fürs Leben. Wäre doch gelacht, wenn Sie dem Leben nicht die schönsten Seiten abgewinnen könnten.

Lächeln ist das Kleingeld des Glücks.

Heinz Rühmann

7 Tipps zum täglichen Lachen

1 **Wäre doch gelacht, wenn Sie nicht herausfinden könnten, was Sie zum Lachen bringt. Witze? Comics? Bestimmte Filme? Kultivieren Sie, was Sie komisch finden.**

2 **Wäre doch gelacht, wenn Sie sich von Miesepetern anstecken ließen. Suchen Sie lieber die Gesellschaft von Launemachern.**

3 **Wäre doch gelacht, wenn Sie sich nicht jeden Morgen 60 Sekunden lachend vor einen Spiegel stellen könnten. Denn selbst erzwungenes Lächeln zeigt Wirkung.**

4 **Wäre doch gelacht, wenn Sie nicht das Komische im Alltag und groteske Situationen finden und genießen könnten. Steigen Sie ein, wenn der Quatsch seltsame Blüten treibt.**

5 **Wäre doch gelacht, wenn man Sie als Mr. oder Mrs. Bierernst betrachtet. Wer den Ernst des Lebens mit Humor nehmen kann, steht über den Dingen.**

6 **Wäre doch gelacht, wenn Sie sich kein privates Humorarchiv anlegen könnten. Greifen Sie darauf zurück, wenn Ihnen das Lachen vergangen ist.**

7 **Wäre doch gelacht, wenn nicht Ihr erster Eindruck bei anderen ein ehrliches, freundliches Lachen ist.**

INTUITION

Hören Sie auf die Botschaften aus Ihrem Bauch

Jeder ist mit einer leisen, inneren Stimme ausgestattet, die zuverlässig sagt, was richtig oder falsch ist. Allerdings: Wir müssen die Signale richtig deuten und ihnen vertrauen.

»Siehste, habe ich ja gleich gewusst!« Wie oft haben Sie diesen Stoßseufzer schon losgelassen? Wie oft hatten Sie schon eine verschwommene Ahnung, dieses gewisse Gefühl, haben diese innere Stimme gehört, die auf ganz bestimmte Fragen ganz bestimmte Antworten gegeben hat? Und wie oft haben Sie dann (leider) bewusst gegen dieses unbewusste Gefühl gehandelt? Und wie oft lagen Sie damit leider falsch? Resultat: Eine herbe Enttäuschung, schöne Pleite. Siehste, hatte ich es doch gleich geahnt …

Ja, wir wissen viel mehr, als wir wissen. Jeder hat sie, diese natürliche, angeborene Gabe, die signalisiert, **was gut für uns ist – und was nicht**. Jeder ist mit dieser leisen **inneren Stimme** ausgestattet, die hilft, in schwierigen Momenten Klarheit zu gewinnen, wenn wir bewusst in uns hineinhören, wenn wir unsere innere Stimme erkennen, wenn wir also auf unsere Intuition hören. Kündigen und das Jobangebot annehmen? Tut mir das gut, oder bereitet der Gedanke Bauchschmerzen? Einsteigen bei der Emission dieser neuen Aktie? Ist der Mensch wirklich integer, oder kann ich ihn nicht riechen? Ein zu hohes Risiko bei diesem Geschäft oder absolut lohnend?

Intuition ist ein mächtiges Werkzeug. Intuition kann uns wie ein **Autopilot durch den Dschungel des Lebens** lenken. Intuition – das ist der wissenschaftliche Begriff für etwas, das wir den »richtigen Riecher« nennen, das »richtige Händchen«, das richtige Gespür. Intuition ist die Fähigkeit, in schwer überschaubaren, kritischen Situationen das Richtige zu tun – ohne zu wissen, warum. Intuition hilft, wichtige Entscheidungen

> Wichtig ist nicht, wie Intuition funktioniert, sondern, ob wir bereit sind, ihr und uns zu vertrauen.
>
> **Demi Moore**

Intuition ist Intelligenz mit überhöhter Geschwindigkeit.

zu treffen, auch dann, wenn uns entscheidende Fakten fehlen. Die Entscheidung wird gefühlsmäßig nicht im Kopf, sondern etwas tiefer, in unserer »**Magengegend**«, getroffen. Wir sagen dann gern: Das habe ich aus dem Bauch heraus entschieden.

Nein, Intuition hat nichts mit Logik oder Vernunft zu tun. Vielleicht hören wir pragmatischen, kopfgesteuerten Vernunftmenschen deshalb so wenig – viel zu wenig – auf unsere innere Stimme. Vielleicht auch, weil wir für unseren sechsten Sinn, den die meisten den **siebten Sinn** nennen, kein greifbares, spezielles Organ kennen – wie fürs Sehen, Hören, Riechen, Schmecken, Fühlen. Vielleicht wird Intuition deshalb von vielen Menschen gerne als mystischer Mist, esoterisches Wischiwaschi verspottet. Oder auch als typisch weibliche Fähigkeit, die oft nicht ernst genommen und belächelt wird.

Wir wissen etwas, aber wir wissen nicht, warum wir es wissen. Dieses Vage macht die Intuition so geheimnisvoll. Deshalb misstrauen wir oftmals plötzlichen Eingebungen oder Erleuchtungen, die auf geheimnisvolle Weise, jedenfalls nicht auf dem normalen Dienstweg des Denkens zustande kommen. Viele betrachten Bauchentscheidungen immer noch als glatte Bankrotterklärung der Vernunft. Ein schwerer Fehler. Hören Sie genau hin, was sie sagt, Ihre innere Stimme. Es lohnt sich. Vertrauen Sie Ihrer Intuition. Sie ist der **beste Ratgeber**: Erfahren, unbestechlich und immer abrufbar. Der siebte Sinn kommt immer dann ins Spiel, wenn Logik und Analyse allein nicht mehr weiterhelfen. Wenn mehr zu beachten ist, als das Gehirn gleichzeitig erfassen kann.

Intuition können wir nicht erzwingen. Aber wir können die Voraussetzung dafür, dass sie sich entfalten kann, verbessern.

Betrachten Sie den intuitiven Zustand als eine Art **meditativen Wartezustand** – erwarten Sie nichts, sondern warten Sie einfach nur ab. Während Sie also dösen oder spazieren gehen, hingebungsvoll tagträumen oder konzentriert Musik hören, schaltet die Ratio einen Gang zurück. Strenge Denkschemata lockern sich, Informationen lassen sich leichter vernetzen. Erfahrungen, Eindrücke und Erlebnisse – Wissen, von dem wir gar nichts wissen, das aber im **Unterbewusstsein gespeichert** ist – werden zu neuen Erkenntnissen verdichtet, ins **Bewusstsein transportiert**.

Und plötzlich wissen wir, was richtig ist. In diesem Moment. Für uns. Siehste. Es ist doch gut zu wissen, was der »Bauch« uns sagt.

8 Schritte
zu einer wachen Intuition

1 **Seien Sie offen.** Es kann nur eintreten, was Sie erwarten. Vertrauen Sie einfach Ihrer inneren Stimme. Hören Sie ganz natürlich auf Ihren siebten Sinn – auf Botschaften des Unterbewusstseins an das Bewusstsein.

2 **Trainieren Sie täglich Ihre Intuition.** Wenn Sie demnächst auf Ihre Uhr schauen wollen, fragen Sie sich vorher: Wie viel Uhr ist es? Wenn Sie einen Brief bekommen, fragen Sie sich zuvor: Wer schreibt mir? Wenn Sie sich mit einer Person unterhalten, überlegen Sie: Was will er oder sie mir sagen?

3 Um Ihre Intuition zu nutzen, gehen Sie kurz nochmals alle möglichen Informationen durch. Konzentrieren Sie sich, und stellen Sie sich eine präzise Frage: **Fokussieren Sie die Intuition.**

4 **Schalten Sie alle Alltagsreize und möglichst auch das Denken aus.** Intuition tritt oft auf, wenn Sie sich entspannen und vom Problem ablassen.

5 **Sammeln Sie sich,** schließen Sie die Augen. Kommen Sie in eine Haltung von Ruhe, Vertrauen und Überzeugung, dass es in Ihnen diese Kraft gibt, die Ihnen hilft.

6 **Lassen Sie Ihren Gedanken freien Lauf.** Sammeln Sie alle Wahrnehmungen und Eindrücke, die Ihnen als Reaktion auf Ihre Frage durch den Kopf schießen.

7 **Versuchen Sie, diese Eindrücke und Eingebungen zu übersetzen und für sich zu interpretieren.**

8 **Entscheiden Sie mit gestärkter Intuition jetzt zügig,** und lassen Sie keinesfalls Wankelmut aufkommen. Stehen Sie zu Ihren Entscheidungen.

KONZENTRATION

Bleiben Sie immer ganz bei der einen Sache, die Sie gerade tun

Wenn vieles zugleich gelingen soll, klappt meistens nichts. Nur wer sich auf das konzentriert, was er gerade tut, erreicht, was er will. Wer sich verzettelt, verliert.

Kennen Sie das? Vielleicht von sich selbst? Während wir essen, lesen wir die Zeitung. Der Fernseher läuft natürlich auch, und dann versuchen wir noch, das Gespräch mit dem Partner oder den Kindern in Gang zu halten. Wir telefonieren, hören Musik und surfen nebenbei noch im Internet. Wir erledigen drei, vier Sachen gleichzeitig. Und was haben wir davon? Seien Sie ehrlich! Wir sind reizüberflutet, wir lassen uns ablenken. Wir suchen ständig Zerstreuung. Wir können ganz schlecht bloß bei einer Sache bleiben. Unsere Gedanken driften schnell ab. Wir sind rasch gelangweilt. Wir werden dann unruhig, machen Fehler. Wir vergeuden viel Zeit und Energie, weil wir einfach nicht wissen, was wir eigentlich wollen. Wir sehen oft den Wald vor lauter Bäumen nicht. Was fehlt in solchen Momenten? Die Konzentration, und zwar auf das, was wir tun. **Auf das Wesentliche. Auf unser Ziel.** Erst wenn wir uns ganz auf eine Aufgabe einlassen, stellt sich der gewünschte Erfolg ein.

Was immer Sie tun, widmen Sie sich immer nur einer Sache. **Begeistern** Sie sich, **genießen Sie das, was Sie gerade tun!** Selbst wenn die Tätigkeit ganz simpel ist. Sie werden interessante Erfahrungen und Entdeckungen machen. Seien Sie achtsam. Auf den ersten Blick ist Achtsamkeit ein trocken-verstaubtes Gebot. Aber sie erleichtert das Leben. Einerseits drängt sie uns auf, **Überflüssiges auszusortieren**. Andererseits lehrt sie uns, uns auch **über Kleinigkeiten zu freuen**. Menschen, die häufig kleine Glücksmomente erleben, sind wesentlich glücklicher als Leute, die immer nur auf große Glückstreffer warten. Die sind nämlich ziemlich selten.

Amerikanische Herzspezialisten fanden heraus, dass rund 90 Prozent der Infarktpatienten Hektiker sind, die immer zwei Sachen gleichzeitig

> Sie können mit einem Hintern nicht gleichzeitig auf zwei Pferden sitzen.
>
> **Woody Allen**

Es gibt kein Hindernis, das auf Dauer der außergewöhnlichen Kraft der höchsten Konzentration widerstehen kann.

PIERO FERRUCCI

machen – mindestens – und trotzdem nie zufrieden sind. Innere Ruhe lässt sich nicht beschließen. Aber sie lässt sich trainieren.

Wie das geht? Alles, was Sie tun müssen: »Carpe punctum« – konzentrieren Sie sich mit allen Sinnen auf den Augenblick. Überfordern Sie sich nicht. Selbst tibetischen Mönchen gelingt es erst nach Jahren, sich innerlich ganz leer zu machen. Der Strom der Gedanken lässt sich nun mal nicht punktgenau abschalten. Die Kunst besteht darin, ihn weiterziehen zu lassen, um sich auf das Wesentliche konzentrieren zu können: Den gegenwärtigen Augenblick.

Einstein sagte: **Ich denke nie an die Zukunft, sie kommt früh genug.** Die Zukunft ist ebenso wenig gegenwärtig wie die Vergangenheit. In der Tat: Wir können an der Vergangenheit nichts mehr ändern und an der Zukunft erst, wenn sie Gegenwart geworden ist. Wir leben nun einmal in der Gegenwart, und deswegen sollten wir unsere Phantasie und Energie ins Hier und Jetzt stecken. Lernen Sie, **Situationen so zu akzeptieren, wie sie sind**. Das Leben findet vor allem jetzt statt. Hier. Heute.

Machen Sie ein **kleines Experiment**: Schließen Sie die Augen, und konzentrieren Sie sich auf eine bestimmte Sache. Nur auf eine. Nehmen wir z. B. einen Negerkuss. Versuchen Sie, ihn solange wie möglich zu visualisieren. Schwer, nicht wahr? Spätestens nach einer Minute, meist aber viel früher schwirren Gedanken wie ein Hummelschwarm durch den Kopf, viele andere Bilder tauchen auf, stimmt's?

Konzentration ist schwer. Konzentration ist die Kunst, Ablenkungen zu ignorieren, Aufmerksamkeit zu bündeln. Es ist die Kunst, das Wesentliche im Auge zu behalten, sich auf das Wichtigste, auf einen bestimmten Punkt zu (kon)zentrieren, um diese Konzentration dann auf ein Ziel zu lenken. Die Natur macht es uns vor. Wenn die Sonne auf die Erde scheint, kann sie den Boden nur erwärmen. Wenn wir die Strahlen aber mit einem **Brennglas** bündeln (konzentrieren), können wir ein Feuer entzünden.

Je schwieriger die Situation, je anspruchsvoller die Aufgabe, umso wichtiger ist es, **die Kräfte auf das Wesentliche zu konzentrieren**. Sobald wir Aufmerksamkeit und Energie auf ein Ziel richten, finden wir auch Antworten auf unsere Fragen – und den richtigen Weg.

7 Schlüssel
zur Konzentration

1 Machen Sie sich bewusst: Das Leben findet nur jetzt statt, und nur die Konzentration bringt Sie zu Ihren Zielen. Erkenntnis ist der erste Schlüssel zur Konzentration.

2 Beantworten Sie sich folgende Frage: Was ist wichtig für mich? Klarheit ist der zweite Schlüssel zur Konzentration.

3 Befreien Sie sich von allen Dingen, die Sie ablenken und Ihre Konzentration stören. Gönnen Sie sich Ruhe. Befreiung ist der dritte Schlüssel zur Konzentration.

4 Trainieren Sie Ihre Konzentrationsfähigkeit (autogenes Training, Meditation). Gut ist, was Ihnen hilft, zu sich selbst zu finden, zu entspannen. Training ist der vierte Schlüssel zur Konzentration.

5 Begeistern Sie sich immer nur für eine Sache, und geben Sie dafür Ihr Bestes. Versuchen Sie allen Dingen, die Sie tun, etwas Positives abzugewinnen. Begeisterung ist der fünfte Schlüssel zur Konzentration.

6 Teilen Sie mühsame und langwierige Aufgaben einfach ein. Wenn etwas zu schwierig oder zu leicht ist, baut sich Versagensangst oder Langeweile auf. Herausforderung ist der sechste Schlüssel zur Konzentration.

7 Genießen Sie den Augenblick ohne Reue, und entwickeln Sie die Überzeugung, dass die augenblickliche Konzentration auf das Wesentliche ein Vielfaches an Erfolg zurückbringt. Genuss ist der siebte Schlüssel zur Konzentration.

KREATIVITÄT

Wecken Sie das Potenzial, das in Ihnen schlummert

Kreativität soll nicht nur neue Ideen hervorbringen, sondern auch ermöglichen, den alten zu entrinnen. Edward de Bono

Einmal blieb ein riesiger Lastwagen in einer Unterführung stecken. Der Laster war zu hoch, ein bisschen nur, aber das reichte, denn nun ging nichts mehr, weder vorwärts noch rückwärts. Schnell bildete sich ein Stau. Die Polizei kam, aber die Polizisten kamen nicht weiter. Eilig riefen die Polizisten Experten herbei, Ingenieure. Die brachten mit, was Ingenieure beim Problemlösen so brauchen: Klemmbretter und Computer. Sie diskutierten, sie bemühten ihre Computer, sie zerbrachen sich den Kopf – aber das komplizierte Problem blieb: Der Laster ließ sich einfach nicht aus der Unterführung bugsieren. Es schien wie verhext. Da kam ein kleiner Junge, er war vielleicht acht Jahre alt, zupfte einen der schlauen Ingenieure am Ärmel und fragte unschuldig: »Geht er da nicht mehr raus, der Laster?« »Nein«, plärrte der Ingenieur genervt. »Ich weiß was«, sagte der kleine Junge. »Warum lassen Sie denn nicht einfach die Luft aus den Reifen?« Wirklich kreativ, das kleine Kerlchen. **Im Prinzip ist jeder kreativ.** Aber nicht jeder kann sein schöpferisches Potenzial zünden. Oft schwirren sie herum, die guten Ideen, aber sie bleiben blockiert, verschüttet. Weil wir zu sehr in Schablonen denken, in Standards, in eingefahrenen Bahnen. Von den bis zu 100 Milliarden Gehirnzellen nutzen wir nur einen Bruchteil, beklagen Kreativitätsforscher. Kreativität ist die Fähigkeit, eigene Grenzen und Gewohnheiten zu überwinden und den inneren Reichtum anzuzapfen. Denken gegen Regeln, **den Gedanken Ausgang geben** – das ist Kreativität. Die Grundlage für kreative Denkleistung hat jeder Mensch. Denn jeder hat schon Erfahrungen in den verschiedensten Lebensbereichen gesammelt. Diese Informationen müssen nur neu kombiniert werden. Für neue Ideen sind also nicht unbedingt neue Informationen nötig.

Kreativität ist Logik, die Mut hat.

Gabriel Laub

Man kann niemanden überholen, wenn man nur in dessen Fußstapfen tritt.

Nur ein neuer Ansatz, eine neue Perspektive und Betrachtungsweise, führt zu neuen Einsichten. Jeder Gedanke kann drei neue Assoziationen kreieren. Neues kommt niemals aus dem Nichts. Kreativität beginnt mit einem kreativen Chaos, aber auch das braucht Struktur. **Erst sammeln, dann sichten.**

Für vieles, beim Schreiben, bei der Arbeit am Computer, selbst beim Gehirnjogging (Gedächtnistraining) brauchen wir nur die logischen Gehirnregionen. Wir denken gewissermaßen in eingefahrenen neuronalen Bahnen. Das lässt die Kreativität nicht gerade explodieren. Bringen Sie mehr Abwechslung ins Spiel: Spielen Sie. Versuchen Sie, im Alltag spielerischer zu sein, das hilft der Kreativität auf die Sprünge. Beim Spielen werden unsere geistigen Fähigkeiten komplett gekitzelt: Denn da wechseln sich ständig das verstandesbetonte (linkshemisphärische) Denken und das kreative Denken (rechtshemisphärische) ab, unsere intuitiven Fähigkeiten sind ebenso gefordert wie die analytischen.

Spielen Sie Denkmodelle durch. Alles ist erlaubt: Die Ideen dürfen ungewöhnlich, ungenau, unverschämt, unlogisch, unmoralisch, undurchführbar, unheimlich absurd sein. Zweifler erreichen nichts; Skeptiker leisten keinen Beitrag; Zyniker sind nicht kreativ. »Haben wir schon immer so gemacht.« »Haben wir doch noch nie so gemacht.« Das sind tödliche Sätze, sie machen von vornherein jegliche Kreativität kaputt.

Viele haben Angst vor der Blamage. Deshalb schrecken sie zurück vor neuen Wegen, neuen Strategien, neuen Techniken – und bleiben lieber auf der altbekannten Einbahnstraße, die oft zur Sackgasse wird. Klar, es bleibt immer ein Restrisiko des Blamierens oder Scheiterns. Aber das ist kein Grund, Kreativität zu unterdrücken.

Verlassen Sie die Autobahnen des alten Denkens und ausgetretene Pfade. **Wagen Sie neue Wege**. Kreativität kann sich am besten entfalten, wenn wir uns für neue Situationen öffnen, wenn wir Neuem Raum geben, wenn wir selbst gesetzte Einschränkungen überwinden und uns aus dem Gemäuer unserer Gewohnheiten befreien.

Die Kleinen schaffen, der Große erschafft.

Marie von Ebner-Eschenbach

10 Tipps um Blockaden im Kopf zu lösen

1 Organisieren Sie ein Brainstorming. Laden Sie mehrere Personen ein. Formulieren Sie Ihr Problem in eine konkrete Frage um. Bestimmen Sie einen Leiter und einen Protokollführer. Aufgabe ist es, in 15 bis 45 Minuten möglichst viele Ideen, Antworten und Lösungsansätze zu finden. Voraussetzung: Nichts wird bewertet oder kommentiert.

2 Aktivieren Sie Ihre Kreativität mittels Mindstorming. Nehmen Sie ein Blatt Papier, und schreiben Sie Ihre Frage bzw. das Problem möglichst konkret auf. Schreiben Sie 20 Antworten bzw. Ideen dazu. Wählen Sie die Beste aus, und setzen Sie diese innerhalb von 72 Stunden um.

3 Bauen Sie Hemmungen und Vorurteile ab. Die wichtigsten Überzeugungen zum Entfesseln Ihrer Kreativität sind: Ich bin ausreichend intelligent, und diese Technik hilft mir, Ideen und Lösungen zu finden.

4 Stellen Sie die Dinge auf den Kopf. Stellen Sie routiniertes Vorgehen, altbekannte Abläufe infrage. Machen Sie genau das Gegenteil von dem, was Sie sonst immer tun.

5 Haben Sie Mut zur Phantasie. Seien Sie offen für Überraschungen: Alles ist möglich. Skizzieren Sie Ihre Gedanken (Mind mapping).

6 Kultivieren Sie den Spaß an der Sache. Oft ist Humor der Startblock für neue Ideen. Motto: Ohne Witz kein Geistesblitz.

7 Lassen Sie sich für die Problemlösung Zeit. Zeitdruck verführt nur zu altbekannten Denkmustern. Entspannung ist die Basis für Kreativität.

8 Beobachten Sie erfolgreiche Menschen, die Sie kennen: Was machen diese Menschen anders? Was können Sie von ihnen abschauen?

9 Vertrauen Sie Ihrem Bauchgefühl. Unsere Intuition gibt oft wertvolle Anstöße. Schließen Sie die Augen, und betrachten Sie die Welt mal anders. Nutzen Sie das kreative Potenzial Ihrer Tagträume.

10 Lassen Sie das Problem zwischendurch ruhen. Durch Pausen kann auch das Unterbewusstsein auf die Aufgabe einsteigen.

MUT

Lernen Sie, das Risiko zu schätzen

Man muss das Streben nach Sicherheit vollkommen aufgeben und mit beiden Armen nach dem Risiko des Lebens greifen. Man muss das Leben umarmen wie eine Geliebte. **MORRIS L. WEST**

Wer wachsen will, aber das Risiko scheut, wird leicht vom Leben verschlungen. Ein schönes Beispiel dafür wird in dem Buch *Hühnersuppe für die Seele* erzählt: Es waren einmal zwei Samen, die lagen Seite an Seite in der fruchtbaren Frühlingserde. Der erste Samen sagte: Ich will wachsen. Ich will meine Wurzeln tief und fest in die Erde unter mir bringen und dann will ich meine Sprossen durch die Erdkruste bohren ... Ich will meine zarten Knospen entfalten und den Frühling spüren ... Ich will die Wärme der Sonne und den Morgentau auf meinen Blütenblättern spüren! Und so wuchs er, dieser Samen.

Der zweite Samen sagte: Ich habe Angst. Wenn ich meine Wurzeln in den Boden schicke, weiß ich nicht, was mir im Dunkeln begegnet ... Wenn ich mir den Weg durch die harte Erde über mir bahne, könnte ich meine Sprossen verletzen ... Was ist, wenn sich meine Knospen öffnen und eine Schnecke versucht, sie zu fressen? Und wenn ich meine Blüten öffne, könnte ein Kind kommen und mich pflücken. Nein, es ist besser, wenn ich warte, bis es sicher ist.

Und so wartete er, der zweite Samen. Und so geschah es, dass eine Hofhenne, die an einem schönen Frühlingstag im Boden scharrte, den zweiten Samen fand – und ihn kurzerhand fraß.

Es kennt sicher jeder dieses Spannungsverhältnis zwischen Sicherheitsbedürfnis und Risiko, Mut und Ängstlichkeit.

Die alltägliche Angst hat viele Gesichter: Angst vor dem Versagen, vor der Blamage, vor Unbekanntem. Angst ist etwas anderes als Furcht. Furcht ist konkret. Angst liegt außerhalb unserer Kontrolle. **Ein bisschen Angst gehört jedoch zum Leben und hat einen Sinn.** Angst schärft unsere

> Angst ist der größte Feind des Erfolgs. Handlung ist der größte Feind der Angst.
>
> **JÖRG LÖHR**

Wer sich vor lauter Angst im Gebüsch versteckt, wird auf keinen grünen Zweig kommen.

Aufmerksamkeit und kann konstruktiv sein: Pass auf! Vorsicht, überschätz dich nicht. Von dieser Angst ist hier nicht die Rede. Wir meinen die Angst, die die Knie weich macht, den Hals zuschnürt, die Beklemmung, »Muffensausen« auslöst, Handlungshemmung. Irrationale Ängste stören und lähmen nicht nur physiologische Prozesse, sondern auch hormonelle. Die Leistungsfähigkeit wird stark beeinträchtigt. Angst bindet oder blockiert einen Großteil Energie. Wir bleiben passiv, wir trauen uns nicht – das macht traurig. Einerseits lockt also das Abenteuer abseits vom Alltagstrott, andererseits soll das Leben aber weitgehend abgesichert sein. Doch das Leben lehrt: **Eins ist sicher: Nichts ist sicher.** Wenn wir ein interessantes, buntes Leben erleben wollen, können wir nicht immer auf die graue Nummer sicher setzen. Zum Leben gehört der Mut zum Risiko.

Mut beruht auf Selbstbewusstsein und dem Bewusstsein der eigenen Kraft. »Wer Erfolg haben will, muss risikobereit sein. Man kann natürlich auch sein ganzes Leben lang seinen verpassten Chancen hinterherjammern: Hätte ich doch nur das und das gemacht – aber das ist nur Zeitvergeudung«, sagte Malcolm Forbes, der Wirtschaftsmagnat, Multimillionär und Abenteurer. **Risiko ist ein natürlicher Teil des Lebens** – ob wir wollen oder nicht. Wir leben sicher glücklicher, wenn wir das Restrisiko Unsicherheit einfach als positive Spannung und Herausforderung akzeptieren. Er stimmt leider immer noch, dieser alte Kalenderspruch: **Wer wagt, gewinnt.** Wer etwas erreichen will, muss etwas unternehmen – und damit ist immer auch ein Stück Risiko verbunden. Immer. Überlegen Sie nur: Was ist das Gegenteil von Angst? Mut? Haben Mutige etwa keine Angst mehr? Doch, sie haben. Aber sie haben gelernt, trotz ihrer Angst Schritte zu setzen. Sie überwinden sich. Sie betrachten Risiko, Unsicherheit und Angst als bereichernde Zutaten, die dem Leben Würze geben. Sie leben nach dem Grundsatz: Hätte ich keine Angst, so wäre das ein Hinweis, dass der nächste Schritt in meinem Leben zu klein ist.

Risiko ist die Bugwelle des persönlichen Erfolgs. **Carl Amery**

10 Tipps für Ängstliche

1 **Akzeptieren Sie, dass wir in einer sich ständig verändernden Welt leben.** Jede dieser Veränderungen bringt zunächst Unsicherheit mit sich. Sorgen und Ängste ändern daran nichts. Sie zeigen Ihnen vielmehr, dass der nächste Schritt groß genug ist.

2 **Sorgen Sie für mentale Erfahrungen.** Spielen Sie in Gedanken die Situation erfolgreich durch. Denn Ihr Gehirn unterscheidet nicht zwischen einer erlebten und einer sich intensiv vorgestellten Erfahrung, und positive Erfahrungen stützen Ihr Selbstvertrauen.

3 **Richten Sie Ihren Blick auf Ihr Ziel.** Angst kann uns nur dann überwältigen, wenn wir die Augen vom Ziel nehmen. Und: Visualisieren Sie, wie Sie das Leben genießen, wenn Sie Ihr Ziel erreicht haben.

4 **Analysieren Sie Ihre Angst.** Fragen Sie sich, was Sie ängstigt, was sich dahinter verbirgt. Was kann schlimmstenfalls passieren? Geht Ihr Leben weiter?

5 **Denken Sie positiv.** Jeder Gedanke, den Sie nicht loslassen, wird zu Ihrem Los. Egal ob hoffnungsvoll und positiv oder sorgenvoll und negativ.

6 **Rüsten Sie sich moralisch auf.** Lesen Sie motivierende Lektüre. Hören Sie positive Audioprogramme. Besuchen Sie Seminare.

7 Überlegen Sie: Was wurde aus Ihren Ängsten in der Vergangenheit? Sie werden bemerken, dass noch nicht einmal 10 Prozent aller Ihrer Ängste Wirklichkeit wurden. Merken Sie sich: **Nicht die Dinge selbst beunruhigen Sie, sondern die Vorstellung davon.**

8 **Nehmen Sie eine kraftvolle Körperhaltung ein**, wenn Sie Angst verspüren. Es ist die schnellstmögliche Veränderung, um über Ihren Zustand auf Ihr Verhalten einzuwirken.

9 **Stellen Sie sich in Zukunft nur noch die Frage, wie Sie etwas schaffen**, und vergessen Sie die Frage, ob Sie etwas schaffen.

10 **Handeln Sie.** Stellen Sie sich der Angst. Handeln löst Ängste auf. Schaffen Sie sich neue praktische Erfahrungen. Gehen Sie ein kalkuliertes Risiko ein.

OPTIMISMUS

Betrachten Sie alles von der besten Seite

Optimisten betrachten die Welt nicht als feindliches Feld, sondern als Spielwiese. Optimisten denken sicher ebenso einseitig wie Pessimisten. Aber sie haben mit ihrer Sichtweise mehr Spaß am Leben.

Sicher kennen Sie die Geschichte von den beiden Fröschen, die eines Nachts in zwei Krüge mit flüssiger Sahne fielen. Der eine jammerte nur, verdammte seine aussichtslose Lage – und ergab sich seinem Schicksal. Er ging unter. Der andere Frosch dachte zunächst kurz über seine schlimme Situation nach und versuchte nun mit aller Kraft, den Rand des Kruges zu erreichen. Er strampelte und strampelte, rutschte aber immer wieder herunter. Aber er gab nicht auf. Nach zwei Stunden wurde sein **nimmermüder Einsatz** belohnt. Plötzlich stand er auf festem Grund. Durch die Strampelei wurde die Sahne zu Butter. Der Frosch sprang in die Freiheit. Nette Tierfabel, nicht wahr? Doch auch im richtigen Leben kann ein Schuss gesunder Optimismus ungeahnte Kräfte freisetzen. Sehen Sie sich manchmal einen Marathonlauf an? Es kommt da immer wieder zum faszinierenden Finish. Nach über 40 Kilometern schließen zwei Rivalen gleich auf. Beide mobilisieren ihre letzten Reserven. Aber **es gewinnt immer der, der am meisten an seinen Sieg glaubt**. Optimisten betrachten die Welt nicht als feindliches Feld. Nein, für sie ist alles eine Arena, in der sie zeigen können, was sie draufhaben. Optimisten sehen in jeder Krise auch eine Chance. Der amerikanische Autor Norman Cousins besiegte mit Optimismus eine tückische Lähmung. Mittel seiner Therapie: Viel Vitamin C und viel Lachen. **Optimisten leben länger**, bestätigen Wissenschaftler. Weil sie sich wohler in ihrer Haut fühlen.

Bei uns laufen viel zu viele professionelle Pessimisten und Bedenkenträger herum. Diese Leute beklagen sich ständig, sehen immer schwarz. Pessimisten sind Menschen, die sich bei der

Man muss immer das Beste hoffen, das Schlimme kommt von ganz allein.

Volkes Stimme

Der Pessimist beklagt noch Ungereimtheiten von gestern, während der Optimist auf Entdeckungsreise in ein phantastisches Morgen geht.

ROBERT BERGMANN

Wahl zwischen zwei Übeln für beide entscheiden. Pessimisten betrachten die Welt aus der Pechvogelperspektive. Pessimismus macht auf Dauer krank. Pessimisten sterben früher.

Optimisten sind zukunftsorientiert. Sie suchen die positiven Aspekte. Sie stellen sich den Idealzustand vor und setzen Phantasie und Energie ein, um zu erreichen, was sie wollen. Sie sehen **in jeder Krise eine Chance**.

Der Pessimist sagt: »Alle Menschen sind verführbar.« Der Optimist sagt: »Gott sei Dank!« Optimismus ist ein wesentliches Charaktermerkmal von erfolgreichen Menschen. Optimisten zaudern nicht und sind überzeugt von sich und ihren Möglichkeiten: **Ich habe** immer eine Chance. **Ich habe** alles im Griff bzw. ich kriege es in den Griff. Okay, **es passieren Dinge**, die ich einfach nicht ändern kann, aber ich mache das Beste daraus. **Ich weiß,** es kommen immer wieder unerwartete Gelegenheiten, die ich erkennen und für mich nutzen werde.

Mit einer positiven Lebenseinstellung können Sie, wenn es darauf ankommt, zusätzliche Kräfte mobilisieren. Durch positives Denken kann man sich einen Reservetank mit zusätzlicher Energie schaffen. Nein, **positives Denken ist kein Alles-wird-gut-Fatalismus**, sondern: Produktives Denken. **Nach-vorne-Schauen.** Nach Lösungen suchen. An die Chance glauben. Vor allem aber auch: ins Handeln kommen. Für Optimisten ist auch ein Misserfolg kein Beinbruch, sondern eine Krücke, die ihnen hilft, beim nächsten Mal zum Erfolg zu kommen.

Optimisten weigern sich nicht, das Negative zur Kenntnis zu nehmen. Sie weigern sich lediglich, sich ihm zu unterwerfen.

NORMAN VINCENT PEALE

7 Tipps wie Sie Optimismus nähren

1 Machen Sie aus jeder Situation das Beste. Immer und immer wieder. Haben Sie eine optimistische Einstellung zu dem, was geschieht oder geschehen wird.

2 Umgeben Sie sich so häufig wie möglich mit optimistischen Menschen: Partner, Freunde, Kollegen. Verabschieden Sie sich von Miesepetern.

3 Kultivieren Sie ein positives Auftreten. Hinterlassen Sie immer einen positiven Eindruck. Zeigen Sie Ihre heitere, lebensbejahende und positive Einstellung.

4 Ziehen Sie einen Schlussstrich. Zerbrechen Sie sich nicht länger den Kopf über Sachen, die gelaufen sind. Grübeln über gestern ist Gift fürs Wohlbefinden. Denken Sie an die Chancen von morgen.

5 Trainieren Sie. Kommunizieren Sie beispielsweise 100 Tage nur positiv über und mit Ihrem Partner. Schlägt dies fehl – dann fangen Sie eben sofort wieder von vorne an.

6 Geben Sie die Illusion auf, es allen recht machen zu können.

7 Seien Sie zuversichtlich. Stellen Sie sich vor, wie sich Ihre positiven Gedanken verwirklichen. Fragen Sie sich: Was kann mir denn schlimmstenfalls schon passieren?

SOZIALE KOMPETENZ

Werden Sie zum Lebensunternehmer

Die Kunst, mit Leuten gewinnend umzugehen, Beziehungen aufzubauen und zu pflegen – das ist soziale Kompetenz. Diese Fähigkeit wird immer wichtiger.

Wir leben in einer rasanten Zeit. Alles verändert sich, immer schneller. Nur so viel ist sicher: Sicherheit gibt es kaum mehr. Sie hatte so schön funktioniert, die Vollkaskogesellschaft mit ständig steigenden Ansprüchen. Wie viel der stattlichen staatlichen Wohltaten werden bleiben? Muss die Gesellschaft, der Staat seinen Bürgern weiterhin wirklich jedes Risiko absichern und für jedes private Problem eine Lösung anbieten? Künftig wird das kaum möglich sein. Unsere Anspruchsgesellschaft ist konkursreif. Die Sozialausgaben steigen stetig, das System staatlicher Fürsorge gerät außer Kontrolle, es ist kaum noch, bald gar nicht mehr zu bezahlen.

Soziale Gerechtigkeit? Das bedeutet künftig nicht Gleichheit, sondern **Chancengleichheit**. Ob er will oder nicht, künftig muss jeder zum Lebensunternehmer werden, mehr oder weniger wird jeder selbstverantwortlicher Manager des eigenen Schicksals. Es kommt dann noch mehr auf das an, was neudeutsch **soziale Kompetenz** heißt. Die Kunst, richtig mit Menschen umzugehen, Beziehungen zu anderen Menschen aufzubauen und zu pflegen, ihr Vertrauen zu gewinnen, **teamfähig** zu sein. Es gibt so viele ehrgeizige, fleißige, pünktliche, begabte Menschen, die sich wirklich anstrengen – und die es doch zu nichts bringen. Warum? Weil sie die Kunst des Miteinanders nicht beherrschen. Erstaunlich: Nur 15 Prozent des Erfolges basieren auf Fachwissen. Viel wichtiger sind **persönliche Qualitäten** wie positive Ausstrahlung, Energie, Charme, sicheres Auftreten, Begeisterung und ein altbekannter Wirkstoff, den nur jene beklagen, die ihn nicht haben: »Vitamin B«.

B wie Beziehung. Beziehungen sind das halbe Leben, weiß Volkes Stimme. Beziehungen können eine Rutschbahn nach oben sein. Pflegen Sie

> Der Schlüssel zum Erfolg sind nicht Informationen. Es sind Menschen.
>
> Lee Iacocca

Wenn einer allein träumt, dann bleibt es ein Traum. Wenn wir aber gemeinsam träumen, dann wird der Traum Wirklichkeit.

Helder Camara

gute zwischenmenschliche Beziehungen. Wodurch die sich auszeichnen? Offen sein, sich Zeit nehmen, Interesse zeigen, sich einfühlen, zuhören können, Rücksicht nehmen, vertiefend nachfragen, gemeinsam nach Problemlösungen suchen. **Niemand ist eine Insel.** Wir Menschen sind nun einmal soziale Wesen. Wir werden nur durch andere oder mit anderen Menschen erfolgreich, wir können nicht ohne andere auskommen. Wir müssen auf andere Rücksicht nehmen und Konflikte lösen. Wir sind mehr oder weniger auf die Hilfe anderer angewiesen.

Wir müssen uns **arrangieren**. Kaum einer kann seinen Platz im Leben ganz alleine finden. Erfolg hängt auch davon ab, dass wir wissen, wie wir andere für uns gewinnen. Jeder Mensch lässt sich von anderen beeinflussen, und ebenso wird jeder von uns andere Menschen beeinflussen. Nur wenn wir fühlen und erkennen, was andere wirklich wollen und was sie bewegt, haben wir die Chance, emotionale Brücken zu bauen, um ihnen näher zu kommen. Die Zauberworte: Beziehungsintelligenz und **Einfühlungsvermögen**. Wer gute Resultate erzielen will, sollte sein eigenes Ziel nicht auf Biegen und Brechen durchsetzen, sondern in Übereinstimmung mit dem anderen. Kompromisse sind nötig und müssen ausgehandelt werden (»Gewinner-Gewinner-Prinzip«). Dazu sind Bereitschaft und das Verständnis für andere Menschen die fundamentalen Voraussetzungen. Jeder Mensch hat den Wunsch, verstanden zu werden, und möchte bei anderen Verständnis finden.

Umgeben Sie sich mit **Menschen, die Ihnen Energie geben**, in deren Nähe Sie sich wohl fühlen. Optimisten, die mit ihrer unbekümmerten Art anstecken, fröhliche Visionäre, die Begeisterung wecken, souveräne Vorbilder, die positive Orientierung bieten, zuverlässige Zuhörer, die zudem klug fragen, selbstlose Engel, die Lichtblicke geben, wenn andere schwarz sehen. Machen Sie eine Liste von allen Menschen, die Sie umgeben. Notieren Sie: Wer stimuliert mich, wer gibt mir positive Energie? Womit und wodurch geben sie mir Energie? Und noch etwas: **Hören Sie auf Menschen, deren Leben gut läuft.**

10 Tipps
um Konflikte zu lösen

1 **Ihr erster Gedanke sollte sein:** Wie viel Aufregung ist die Sache wert?

2 **Ihr zweiter Gedanke sollte sein:** Wie finde ich eine Lösung? Nicht: Wie kann ich als Sieger aus dem Konflikt hervorgehen?

3 **Lassen Sie sich keinesfalls provozieren.** Werden Sie nicht beleidigend oder ausfallend. Weichen Sie nicht aus, lenken Sie nicht ab – schließlich wollen Sie ja etwas klären.

4 **Ihre erste Überlegung:** Was will ich sagen? Was genau will ich klären? Wo will ich hin?

5 **Ihre zweite Überlegung:** Wie viel Anteil habe ich an der Konfrontation? Wie kann ich die Situation ändern?

6 Sie sollten zuerst einen günstigen, geeigneten Zeitpunkt abwarten. **Gewinnen Sie Abstand.**

7 **Lassen Sie den Gesprächspartner ausreden.** Die Stimmung kann schnell eskalieren, wenn sich »Brüllaffen« dauernd ins Wort fallen.

8 **Zeigen Sie Verständnis für Ihren Kontrahenten,** haben Sie Respekt vor ihm.

9 **Kommentieren Sie nur das Verhalten,** das Sie erzürnt, nicht die Person, die Sie geärgert hat.

10 **Konfrontieren Sie den Menschen, über den Sie sich geärgert haben, nur unter vier Augen mit Ihren Gefühlen.**

NEGATIVE EMOTIONEN

Nehmen Sie Abstand, verwandeln Sie Ärger in positive Energie

Alles hängt von unserer inneren Einstellung ab. Gefühle sind das Ergebnis eines geheimnisvollen Zusammenspiels von Gedanken. Doch wir müssen unseren Gefühlen nicht hilflos ausgeliefert sein.

Diese kleine Geschichte mit dem Hammer ist einfach genial. Paul Watzlawik hat sie in seinem Buch *Anleitung zum Unglücklichsein* ersonnen. Also: Ein Mann will ein Bild aufhängen. Er hat aber keinen Hammer. Also will er einen vom Nachbarn borgen. Doch ihm kommen Zweifel: Was ist, wenn der Nachbar mir den Hammer nicht leihen will? Gestern grüßte er mich nur so flüchtig. Vielleicht war er in Eile. Aber vielleicht war die Eile nur vorgeschützt, und er hat etwas gegen mich. Und was? Ich habe ihm nichts angetan; der bildet sich da etwas ein. Wenn jemand von mir ein Werkzeug borgen wollte, ich gäbe es ihm sofort. Und warum tut er das nicht? Wie kann man einem Mitmenschen so einen einfachen Gefallen abschlagen? Leute wie dieser Kerl vergiften einem das Leben. Und dann bildet er sich noch ein, ich sei auf ihn angewiesen. Bloß weil er einen Hammer hat. Jetzt reicht es mir aber wirklich. Und so stürmt er hinüber, läutet und schreit ihn an: »Behalten Sie Ihren Hammer, Sie Rüpel!«

Gefühle können verrückt spielen. Gefühle können verrückt machen. Gefühle wie Ärger und Angst, Verzweiflung, Wut, Zorn, Trauer, Neid machen krank. Garantiert mindern sie unsere Leistungsfähigkeit und Lebensfreude. Das muss aber nicht sein. Denn **alles hängt von der inneren Einstellung ab**. Im Gehirn entstehen aus Gedanken Gefühle. Negative Gedanken und Gefühle sind negative Energie. Die verstärkt nur unsere Probleme. Und sie kann mächtige Eigendynamik entwickeln. Wir können in unserem Gehirn durch die Kraft der Gedanken auch **positive Gefühle** herstellen: Fröhlichkeit, Freude, Glück und Zuversicht – **positive Energie**. Sie kann enorm mitreißend sein. Sie lässt Menschen aufblühen.

> Wenn das Leben nur eine Zitrone bereithält, machen Sie doch Zitronenlimonade daraus.
>
> **Dale Carnegie**

> In jeder Minute, die man mit Ärger verbringt, versäumt man sechzig glückliche Sekunden.
>
> **WILLIAM SOMMERSET MAUGHAM**

Gefühle sind das Ergebnis des Zusammenspiels unserer Gedanken und Hormone. Wenn wir uns ärgern, produzieren wir Adrenalin. Dieses Stresshormon sorgt für Muskelspannung, Kraft und Aktivität. Zu viel davon lässt den Körper verkrampfen, macht nervös. Die Serotoninausschüttung im Gehirn wird gedrosselt.

Ein Teufelskreis: Wir sind unglücklich, schlafen schlecht, machen schlapp, weil die Abwehrkräfte nachlassen. Wir ärgern uns weiter, oft schon über Kleinigkeiten, produzieren noch mehr Adrenalin. Das Ende vom Lied: Oft ein Magengeschwür. **Ärger ist schlecht und gut.** Ärger ist zunächst ein ganz normales Gefühl, entstanden durch die Diskrepanz zwischen Ihrer Erwartung und der Wirklichkeit. Lassen Sie Ärger ruhig zu! Denn Ärger ist ein wichtiges Signal: Achtung, da sind in uns Spannungen, Konflikte aufgebaut, die geklärt werden müssen. Ärger mobilisiert Energiereserven. Er hilft, schwierige Situationen durchzustehen, sie kreativ zu lösen.

Ärger ist also auch ein Motor für Engagement, Zivilcourage und Tatkraft. Aber nur, wenn Sie eine clevere, klare Distanz zum Auslöser der negativen Emotion gewinnen. Versuchen Sie immer, folgende Frage für sich zu klären: Kann ich an den ärgerlichen Umständen etwas ändern? Wenn Sie nichts an den Umständen ändern können, ändern Sie Ihre Einstellung zum Ärger. Ärger kann nämlich auch Energie liefern. **Ärger lässt Ideen wachsen.** Sehen Sie Ärger künftig als nützlichen Auslöser und Antriebshilfe: Um Klarheiten zu schaffen. Um Bremsen zu lösen. Um Verbesserungen und Veränderungen durchzusetzen. Um endlich ins Handeln zu kommen.

Wut ist der stärkere Bruder des Ärgers. Wut ist Ausdruck der Frustration. Wie jeder weiß, können wütende Menschen ungeahnte Kräfte entwickeln, leider fast immer negative. Wut führt zu: Beleidigungen, Tätlichkeiten, Gewaltausbrüchen, Morden. Wut ist hoch dosierte Energie. Aber auch die lässt sich zügeln. Besinnen Sie sich auf Ihr Ziel. Sie können negative Wut-Energie in positive »Jetzt-erst-recht-Energie« umwandeln. Wie? Erst mal Pause machen, **Abstand** bekommen. Gewinnen Sie wieder **Kontrolle** über sich. Regen Sie sich ab. Hören Sie zu. Seien Sie aufmerksam und verhandlungsbereit. Helfen Sie mit, konstruktiv nach **Gemeinsamkeiten** zu suchen. **Ärgern Sie sich nicht über jede Kleinigkeit.** Alles, was Sie nicht umbringt, ist eine Kleinigkeit.

10 Tipps für positives Gefühlsmanagement

1 **Arbeiten Sie daran, negative Muster zu durchbrechen.** Machen Sie sich klar: Jedes negative Gefühl hat einen Grund – der will beachtet sein.

2 **Bauen Sie Spannung ab.** Atmen Sie sich frei: Zählen Sie bis zehn. Tief Luft holen, kräftig und ruhig ein- und ausatmen – und spüren Sie nach. Gehen Sie an die frische Luft.

3 **Identifizieren Sie Ihre Ärgerprogramme.** Legen Sie fest, wie Sie optimal in Zukunft darauf reagieren. Programmieren Sie nun Ihr neues Verhalten, indem Sie es in Gedanken immer wieder positiv durchspielen.

4 **Wenn es sein muss, drücken Sie Ihre Gefühle aus,** schaffen Sie ein Ventil (weinen Sie, stöhnen, schimpfen, jammern Sie, treiben Sie Sport). Unterdrückte Gefühle fließen nicht frei . Nur Gefühle, die im Fluss sind, können sich verändern.

5 Fragen Sie sich: **Kann ich an den Umständen etwas verändern?** Ja? Dann kommen Sie sofort ins Handeln. Nein? Dann ändern Sie Ihre Einstellung. Konzentrieren Sie sich auf die Lösung. Das Ziel ist immer ein guter bzw. besserer Zustand.

6 **Verschieben Sie Ihren Ärger auf später.** »Jetzt habe ich keine Zeit dafür, aber um 19.10 Uhr ärgere ich mich richtig darüber.« Tragen Sie das ruhig in Ihren Timer ein. Entweder der Ärger ist bis dahin verschwunden, oder es ist gut, dass Sie jetzt an einem einsamen Ort die Luft rauslassen.

7 **Akzeptieren Sie Ihre Gefühle.** Schreiben Sie auf, was Sie bewegt, bewerten Sie aber nicht gleich. Geben Sie Ihren Gefühlen Raum.

8 **Füttern Sie Ihr Unterbewusstsein regelmäßig mit klaren, positiven Gedanken** und erfreulichen Bildern, die aufbauend auf Sie wirken.

9 **Erzählen Sie Ihren Ärger nicht weiter.** Zum einen bringt Beachtung immer Verstärkung. Zum anderen strafen Sie jemanden, dem es gerade noch gut ging.

10 **Relativieren Sie: Was ist das Positive an dieser Situation?**

WILLENSKRAFT

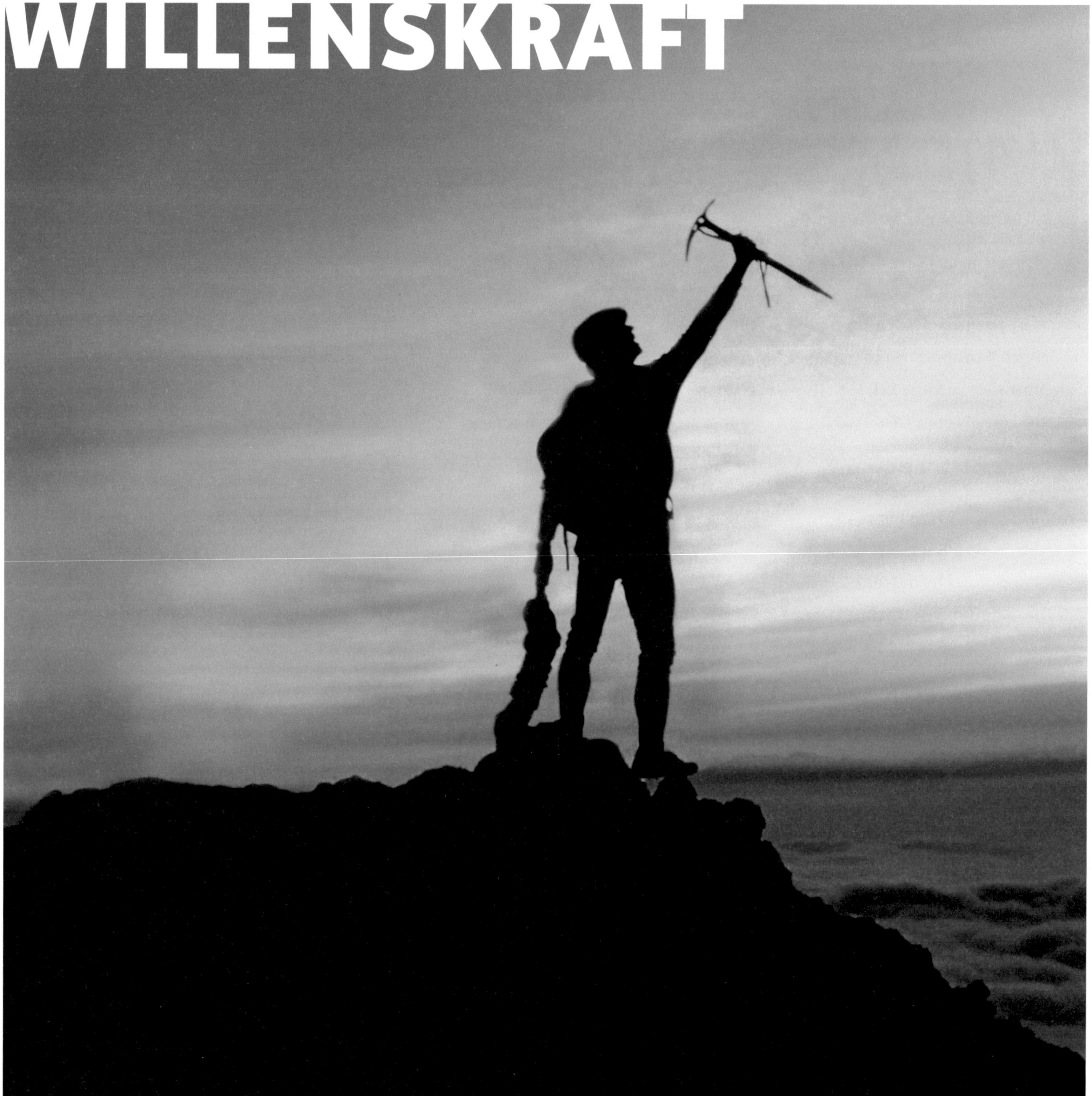

Sie können Berge versetzen, wenn Sie wirklich wollen

Der Mensch kann alles, was er will.
Aber ein normaler Mensch will nur, was er kann. Reinhold Messner

Sokrates war ein weiser Mann. Eines Tages stand ein junger Mann vor ihm und fragte: »Was ist das Geheimnis für Erfolg im Leben?« Sokrates sagte dem jungen Mann: »Lass uns morgen Früh am Fluss treffen.« So geschah es. Sie standen also am Ufer, und Sokrates sagte: »Jetzt gehen wir in den Fluss.« Als beide bis zum Halse im Wasser standen, packte Sokrates plötzlich den jungen Mann und drückte dessen Kopf unter Wasser. Der arme Kerl wehrte sich verzweifelt, aber Sokrates ließ nicht locker. Lange, lange nicht. Als er endlich losließ, prustete und hechelte der junge Mann entsetzt. Sokrates fragte ihn: »Was wolltest du gerade am meisten, als du unter Wasser warst?« Klar, Luft! »Siehst du«, sagte Sokrates, »das ist das Geheimnis des Erfolgs. Wenn du Erfolg so sehr willst, wie du unter Wasser Luft wolltest, dann wirst du auch Erfolg haben.«

Der Wunsch muss stark sein. Das Verlangen. Der Wille. **Ich will das!** Sicher kennen Sie auch den Spruch: Wo ein Wille ist, ist auch ein Weg. Ja, **unsere Willenskraft ist ein mächtiger Motor**. Der Wille ist eine Art Machtzentrum in der menschlichen Seele, das unglaubliche Tatkraft und Triebstärke freisetzen kann. **Voraussetzung** auch: Eine **klare Vorstellung** von dem, was ich will, und der **absolute Glaube** an die eigenen Fähigkeiten. Wenn sich Glaube und Wille feindlich gegenüberstehen, so unterliegt immer der Wille. Doch stimmt der Glaube und ist eine bildhafte Vorstellung da, stimmt, was Schiller seinem Wallenstein in den Mund legte: »Den Menschen macht sein Wille groß und klein.« Das entschiedene Wollen drückt sich in unserer Sprache aus: Wir reden von einem eisernen Willen.

Es ist die innere Einstellung, auf die es ankommt. Nicht die Aussicht auf eventuellen Ruhm oder Geld, nicht fremdbestimmte Interessen bringen uns weiter – nur der eigene Wille. Allerdings: **Setzen Sie sich realistische Ziele.**

Wer aufgibt, wird nie Sieger,
doch ein Sieger gibt nie auf.

Ist die Flamme klein, gibt es keine große Hitze. Ist der Wille klein, gibt es keine großen Resultate.

Ulrich Pramann

Ziele, die zu schaffen sind. Denn langfristig können Sie nur Energie für ein Ziel freimachen, das positiv und realistisch erreichbar ist. Für das Erreichen eines Zieles ist es wichtig, das große Ziel in kleinere Ziele zu unterteilen – damit Sie aus jeder Teiletappe als Sieger hervorgehen können. **Nur was echte Freude macht, setzt Energie frei.** Misserfolge bremsen, zerstören. Eine Sache muss es wert sein. Wenn ein Ziel keine hundertprozentige Herzenssache ist, können wir uns nicht hinreichend einsetzen. Wir müssen richtige Sehnsucht danach haben, das Ziel zu erreichen. Die innere **Überzeugung** entscheidet über Aktivität oder Lethargie, über Anstrengung oder Passivität. Das **Vertrauen in die eigene Leistungsfähigkeit** bestimmt darüber, ob wir überhaupt irgendetwas tun und – wenn ja – wie sehr wir uns dabei anstrengen. Es nützt wenig, wenn Sie über bestimmte Fähigkeiten verfügen, es aber nicht schaffen, diese einzusetzen. Sie müssen von sich und Ihren Fähigkeiten überzeugt sein. Sie müssen sich selbst sagen: »Ich bin überzeugt, dass ich es schaffen werde, wenn ich mich jetzt anstrenge.«

Auch mit fester Willenskraft lassen sich manche Situationen nicht ändern. Aber **Gedanken lassen sich immer ändern und steuern**. Jeder Mensch kann Situationen positiv oder negativ sehen und bewerten. Ein Beispiel, das der Radextremsportler Hubert Schwarz gern zitiert. Bei seinem Weltrekord Across Australia hatte er schon ein paar tausend Kilometer in den Beinen und fuhr gerade durch die Weite des Outbacks. Ödes, leeres Land, karg, rau – und zudem verdammt heiß. Er hätte verzweifeln können. Nein, er polte seine negativen Gedanken in positive um. Er sagte sich: »Gigantisch, diese Weite, diese Leere. Hoffentlich hört das nicht so schnell auf. Ich genieße diese Situation. Ein wirkliches Abenteuer, Erlebnis pur. Super, ich bin jetzt hier, kann mich erproben, habe die Chance, meine Träume zu verwirklichen – während sich andere gerade mit ihrem Chef rumärgern.«

Es gibt da eine **Fabel von einem Hund**, der damit prahlte, wie schnell er laufen könne. Eines Tages jagte der Hund ein Kaninchen, konnte es aber nicht erwischen. Die anderen Hunde machten sich schon über ihn lustig. Da sagte der Hund: **»Das Kaninchen rannte schließlich um sein Leben. Ich rannte ja nur, weil mir Jagen Spaß macht.«** Wie Recht er hat, der kluge Hund.

10 Tipps für einen starken Willen

1 **Stellen Sie sich das, was Sie unbedingt erreichen wollen, in allen Einzelheiten vor. Visualisieren Sie Ihr Ziel.**

2 **Holen und sichern Sie sich bestmögliche Unterstützung aus Ihrem Umfeld. Versuchen Sie, bei Partnern, Familie, Freunden Hilfe, Energie und Verständnis zu finden. Seelenmassage und Aufmunterung stärken die Moral.**

3 **Glauben Sie fest daran, dass Sie es schaffen. Stellen Sie sich bildhaft vor, was Sie bereits erreicht haben und erreichen werden.**

4 **Erstellen Sie einen klaren Aktionsplan. Formulieren Sie Ihre Handlungsschritte schriftlich, und setzen Sie sich Termine.**

5 **Gönnen Sie sich in kritischen Situationen kleine Auszeiten. Stellen Sie Ihre Vernunft immer über den Ehrgeiz.**

6 **Holen Sie sich neue Erfahrungswerte. Trainieren Sie Ihre Ausdauer. Durch stetige Steigerung des Pensums erleben Sie spielerisch, wie Energie und das »Ich-schaffe-es-Gefühl« wachsen und selbst gesetzte Grenzen sich verschieben.**

7 **Nie mit dem Kopf durch die Wand. Bewahren Sie einen klaren Kopf. Durchhalten um jeden Preis kann dumm, gefährlich und selbstzerstörerisch sein. Arbeiten Sie gegebenenfalls eine neue Strategie aus. Auch Umwege können zum Ziel führen.**

VERANTWORTUNG

Nehmen Sie sich in die Pflicht für alles, was Sie tun

Das Leben macht nichts aus uns, wenn wir nicht selbst etwas aus unserem Leben machen. Joe Frazier

Kommt der kleine Tim zu seiner Mama und sagt: »Sepp, der Depp, hat die Scheibe eingeworfen.« Fragt die Mama, wie das passieren konnte. Sagt Tim empört: »Ich hab ihn mit einem Stein beworfen, aber er hat sich geduckt.« Logisch, Tim hat mit den Scherben nichts zu tun. Natürlich ist der andere schuld. Kennen Sie das? Sind die meisten in dieser Hinsicht nicht wie Kinder? Allerdings: Als Kinder durften wir die Verantwortung noch abschieben. Wenn man erwachsen ist, ist das vorbei. »Ich bin noch zu jung. Ich bin schon zu alt. Ich bin eben so. Alle sind gegen mich. Keiner mag mich. Meine Eltern sind schuld.« Die Konjunktur ist schuld, das Schicksal oder die Sterne (»stehen gerade nicht so günstig«). **Immer sind die anderen schuld.** Wer immer anderen oder den unglücklichen Umständen die Schuld zuweist, macht es sich leicht, zu leicht. Er schiebt Verantwortung ab. Er verschafft sich ein **Alibi**, er muss sich nicht ändern. Also wird sich nichts ändern – alles bleibt beim Alten. Ausreden sind beliebt, bequem – und sicher auch menschlich. Denn oft helfen sie, halbwegs das Gesicht zu wahren. »Eigentlich müsste ich ... Ich könnte ja mal ... Ich sollte vielleicht ...« **Könnte, hätte, müsste, sollte.** In einer Lebensbilanz können das die traurigen Worte verpasster Chancen werden. »**Wenn** ich genug Geld hätte, ja, dann ... Wenn ich doch mehr Zeit hätte ..., wenn mein Chef nicht so wäre, dann ...« Wenn, wenn, wenn. Das Abschieben von Verantwortung ist beliebt. Allerdings geben wir damit auch das Werkzeug aus der Hand, wirklich in unserem Leben etwas zu verändern. **Ausflüchte sind bequeme Hintertürchen.**

Ob es besser wird, wenn es anders wird, weiß ich nicht, dass es aber anders werden muss, wenn es besser werden soll, weiß ich!

Georg Christoph Lichtenberg

Der Preis für Größe, Stärke, Bedeutung ist Verantwortung.

Winston Churchill

Aber auch ganz gemeine Fallen, in denen sich viele selbst gefangen halten. »Ja, ich weiß, es ist wichtig, und ich werde es auch erledigen, aber nicht jetzt. Vielleicht später.« Wir wissen alle, was das im Klartext heißt: Wahrscheinlich nie. Auch mit jedem »Ja, aber« wird Verantwortung abgewälzt. Wer Angst vor einem klipp und klaren »Nein« hat, weicht gern auf das freundlichere **»Ja, aber«** aus. Das vermeidet direkte Konfrontation. Aber gleichzeitig ist jedes »Ja, aber« auch ein Ich-kann-nichts-Tun-Eingeständnis. So passiert nichts. Denn: Von nichts kommt nichts.

»**Eigentlich** würde ich gern einen neuen Job haben. Eigentlich würde ich gern umziehen. Eigentlich müsste ich meine Beziehung auf andere Füße stellen. Eigentlich müsste ich etwas ändern. Aber es geht gerade nicht, weil die Kinder, der Chef, das Geld ...« Veränderungen sind schwer. »Eigentlich« ist bequem. Also bleibt alles beim Alten. Ein Leben mit Abstrichen. Ein Leben unter den Möglichkeiten. Ein Leben aus zweiter Hand. Der Tresor zu einem besseren Leben hat drei Buchstaben: **T-U-N.** Es ist oft unbequem, selbst Verantwortung zu übernehmen. Aber wenn Sie es schließlich tun, überwiegt das großartige Gefühl: Mensch, **ich sitze selbst am Steuer meines Lebens**. Nur wer Verantwortung übernimmt – auch für alle Konsequenzen –, kann das Beste, Schönste, Wichtigste im Leben erreichen – nämlich **sein eigenes Leben zu leben –, und nicht gelebt zu werden**. Also keine Ausreden. Vielleicht hatten Sie es in der Vergangenheit tatsächlich schwer. Doch es liegt ganz bei Ihnen: Sie ganz allein können Ihr Leben jetzt zum Besseren wenden. Voraussetzung: Sie müssen die volle Verantwortung für Ihr Leben übernehmen – und etwas tun! Also, keine Ausreden mehr!

Die erfolgreiche Reise zu Ihren Zielen beginnt an dem Tag, an dem Sie die volle Verantwortung für Ihr Handeln übernehmen.

Jörg Löhr

7 Tipps zu mehr Verantwortung

1 **Streichen Sie den Weichmacher »Ich sollte eigentlich …«** aus Ihrem aktiven Wortschatz. Ersetzen Sie ihn durch »Ja, ich packe es jetzt an. Ich werde es tun!«

2 **Übernehmen Sie Verantwortung –** für alles, was Sie tun und was Sie unterlassen. Auch für Misserfolge.

3 **Verändern Sie Ihre Perspektive.** Wandeln Sie das ausweichende »Ja, aber…« in ein verbindliches »Ja, und…« um.
Statt: »Ja, ich will das ja gerne tun, aber im Moment …« sagen Sie:
»Ja, ich werde das jetzt tun – und folgende Schritte sind dazu nötig …«

4 **Entscheiden Sie sich künftig ohne Wenn und Aber.** Natürlich werden Sie Fehlentscheidungen treffen. Doch später werden Sie darin die Stufen zu Ihrem Erfolg erkennen.

5 **Fragen Sie sich immer: »Wenn nicht jetzt, wann dann?«**

6 **Vor allem: Kommen Sie ins Handeln!** Wie gesagt: Der Tresor zu einem glücklicheren Leben hat drei Buchstaben: T-U-N.

7 **Erlauben Sie sich keine Ausreden mehr,** und leben Sie nach der alten Lebensweisheit: Hilf dir selbst, dann hilft dir Gott.

Nicht weil die

sondern weil

Dinge schwierig sind,
wagen wir sie nicht,
wir sie nicht wagen,
sind sie schwierig.

Zu guter Letzt …

Das Leben ist wie Fahrrad fahren. Wer aufhört, in die Pedale zu treten, fällt um.

Wo wollen Sie in einem Jahr stehen? Wie wollen Sie in fünf Jahren leben? »Wer wirklich leben will, der fängt am besten gleich damit an; wer das nicht will, kann's ja bleiben lassen, doch stirbt er dann.« Die Gedichtzeilen von W. H. Auden bringen nochmals auf den Punkt, worum es in diesem Buch und vor allem im Leben geht: Leben heißt nicht dahinleben, sondern das Leben aktiv erleben, erfahren, erfüllen.

Wollen Sie Ihr Leben leben, oder wollen Sie zulassen, dass Sie gelebt werden? Es kann jeder selbst für sich entscheiden, wie er die Zeit zwischen dem Jetzt und seinem unvermeidlichen Ende nutzt.

Das Leben ist kurz, also machen Sie was draus! Seien Sie anspruchsvoll. Dann bekommen Sie, was Sie wollen: **Einfach mehr vom Leben!**

Was halten Sie von diesem Satz? Wenn ich weiterhin das tue, was ich immer getan habe, werde ich auch weiterhin das bekommen, was ich immer bekommen habe. Wollen Sie das wirklich? Oder möchten Sie mehr vom Leben?

Das Leben ist eine Baustelle. Woran immer Sie heute arbeiten, beeinflusst, was Sie morgen haben und sein werden. Was Sie heute entscheiden, wird Ihre Zukunft bestimmen – so, wie Entscheidungen von gestern bestimmt haben, an welchem Punkt Sie heute stehen.

Was Sie in den nächsten Jahren erleben werden, wird maßgeblich von dem beeinflusst, worum Sie sich in diesem Augenblick bemühen, was Sie heute tun – oder eben nicht tun. Wenn das Leben eine Baustelle ist, dann muss ab und zu auch mal aufgeräumt werden.

Ja, das Aufräumen gilt auch für unseren Kopf. Nachdenken über Wünsche und Ziele, sich auf das Wesentliche besinnen – dazu sollten wir ab und zu auch mal wieder auf den Plan unseres Lebensentwurfs schauen.
Betrachten Sie dieses Buch als eine Art Depot für Rohstoff und Baumaterial. Holen Sie sich heraus, was Sie gerade gebrauchen können. Immer und immer wieder ...
Arbeiten Sie mit diesem Buch. Lassen Sie sich inspirieren, und immer wieder neu motivieren.
Warum betrachten Sie Ihr Leben nicht als Unternehmen – und sich selbst als **Lebensunternehmer**? Das ist sicher nicht bequem, aber es ist bestimmt spannend. Bleiben Sie anspruchsvoll. Holen Sie sich: **Einfach mehr vom Leben!**

Es kommt nicht darauf an,
wo du herkommst, denn die
Richtung, die du jetzt einschlägst,
entscheidet darüber,
wo du ankommen wirst.

Das Leben stellt seine Ampeln für die auf Grün,
die wissen, wohin sie wollen.

Jörg Löhr

Lust auf mehr: weitere Bestseller und Audioprogramme von Jörg Löhr

Der neue Kalender »Magische Momente«

Euro 9,95

Lebensweisheiten, Denkanstöße, geistreiche Tipps - der Kalender »Magische Momente« ist der ideale Begleiter fürs neue Jahr sowie ein gern gesehenes Geschenk. Machen Sie sich 365 Lebensweisheiten und Zitate berühmter Persönlichkeiten zunutze. Lassen Sie sich inspirieren von Jörg Löhrs prägnanten Anleitungen, wie Sie die einzelnen Sprichworte effektiv für sich umsetzen - Tag für Tag. Sichern Sie sich »Magische Momente«, den Klassiker unter den Kalendern, und profitieren Sie von diesem ungewöhnlichen Begleiter.
Wollen Sie Freunden, Mitarbeitern und Geschäftspartnern ein außergewöhnliches Geschenk überreichen? Mit diesem Kalender bleiben Sie nicht nur das ganze Jahr in angenehmer Erinnerung, sondern liefern vor allem auch hilfreiche Anregungen - Tag für Tag.

Lebe deine Stärken

Der neue Bestseller von Jörg Löhr mit Ulrich Pramann

Jeder Mensch hat besondere Talente – leider wissen die meisten Menschen nicht welche! Dabei ist genau dieses Potenzial der Schlüssel zu einem erfolgreichen, zu einem starken Leben. Der „neue Löhr" zeigt, wie man eigene Talente realistisch einschätzen, Hindernisse überwinden, persönliche Stärken entwickeln und einsetzen kann. Mit dem Stärkentest 3+7 und vielen prominenten Fallbeispielen.

Amazon Topseller Nr. 1

Euro 20.-

Mehr Energie fürs Leben

Bestseller-Buch von Jörg Löhr, Dr. Michael Spitzbart und Ulrich Pramann

Jeder kennt sie, die Durchhänger des Alltags: Man ist erschöpft, abgespannt, ausgebrannt. Es fehlt an Power im Leben. Doch jeder hat es selbst in der Hand, seine individuellen Energiequellen zu erkennen und zu nutzen. Die besten Methoden und Strategien, um die eigenen Ressourcen mit Hilfe von optimaler Bewegung, gesunder Ernährung und positiven Gedanken zu aktivieren und auszubauen, bietet dieser inspirierende Bestseller.

Euro 15,95

Bestell-Hotline: +49 (0)821 3 46 54-66

Lebe deine Stärken

Das Audioprogramm zum Buch

Das Audio-Programm zum neuesten Buch von Jörg Löhr beantwortet auf besondere Art und Weise folgende Fragen:

- Wer bin ich?
- Welche Rolle spielen Talent, Glück und Arbeit?
- Was beeinflusst mich mehr – Gene oder Umwelt?
- Was kann ich?
- Wie entdecke ich meine Stärken und Talente?
- Was will ich?
- Was treibt mich an?
- Was ist wichtig in meinem Leben?
- Was sind die Faktoren für dauerhafte Motivation?
- Wie schaffe ich was ich will?
- Was bremst mich?
- Wie funktionieren Veränderungsprozesse?
- Wie erlange ich Spitzenleistungen?

Euro 69.- Inhalt: Begleitbuch mit 4 CD's (ca. 4 Stunden Spielzeit)

Einfach mehr vom Leben

Das Audioprogramm zum Buch

Jörg Löhr geht in diesem wunderbaren Motivations-Audio-Programm auf die wichtigsten 15 Ziele seiner Seminarteilnehmer ein und bietet zur Umsetzung kluge Merkregeln, wichtige Tipps, Strategien und wertvolle Anregungen an.

Sie erfahren entscheidendes zu den Zielen:

- Erfolg
- Glück
- Partnerschaft & Liebe
- Gesundheit
- Zeitsouveränität
- Genuss
- Wissen
- Lebensfreude
- Finanzielle Freiheit
- Selbstbewusstsein
- Freundschaften
- Anerkennung
- Kommunikation
- Sex
- Persönliches Wachstum

Euro 69.- Inhalt: Begleitbuch mit 4 CD's (ca. 4 Stunden Spielzeit)

»» www.joerg-loehr.com

Sie wollen Ihr Wissen über dieses Buch hinaus vertiefen, Hörbücher oder weitere Bestseller von Jörg Löhr bestellen, hätten gerne nähere Informationen zu seinen öffentlichen Seminaren oder wollen Ihn für Ihr Unternehmen als Redner oder Trainer buchen. Gerne unterstützen wir Sie dabei:

FIRMENSEMINARE

Die Themenbereiche der Seminare sind:

- **Erfolgs- und Persönlichkeitstraining**
- **Kick-off-Veranstaltungen**
- **Kundenveranstaltungen**
- **Motivationstraining**
- **Führungskräftetraining**
- **Kommunikationstraining**
- **Mitarbeiterschulungen**
- **Vertriebstraining**
- **Rhetorikseminare**
- **Teamtraining**
- **Kompetenz- und Stärkenanalyse**

Selbstverständlich werden Ihre individuellen Wünsche, Themen und Inhalte berücksichtigt und persönlich abgestimmt.

ÖFFENTLICHE SEMINARE

Profitieren Sie von öffentlichen Tagesveranstaltungen oder von Jörg Löhrs mehrtägigen Intensivseminaren in kleineren Gruppen zu den Themen Persönlichkeit, Kommunikation und Gesundheit.

Alle von Jörg Löhr entwickelten Seminare haben dabei ein übergeordnetes Ziel: Ihre hohen Erwartungen in punkto Umsetzbarkeit, Effektivität, Authentizität, Begeisterung und dauerhaftem Erfolg zu übertreffen. Komplizierte Zusammenhänge werden dabei einfach, wirkungsvoll, praxisnah und mit einem gelungenen Schuß Unterhaltung präsentiert. Dies ermöglicht Ihnen ein hohes Konzentrationsmoment, maximale Informationsaufnahme und eine effektive Umsetzung in die Praxis. Privat wie beruflich.

Weitere Informationen und Buchungsmöglichkeiten unter:

www.joerg-loehr.com

JÖRG LÖHR
ERFOLGSTRAINING

Ulrichsplatz 6
86150 Augsburg

Tel: +49 (0)821 3 46 54-66
Fax: +49 (0)821 3 46 54-99

info@joerg-loehr.com
www.joerg-loehr.com

Impressum

BILDNACHWEIS

Seite 106, 112, 116, 120, 124, 128, 132, 136, 140, 144, 148, 152, 156, 162, 164
(Brechenmacher & Baumann, Augsburg)

HINWEIS

Das vorliegende Buch ist sorgfältig erarbeitet worden. Dennoch erfolgen alle Angaben ohne Gewähr. Weder die Autoren noch der Verlag können für eventuelle Nachteile oder Schäden, die aus den im Buch gegebenen praktischen Hinweisen resultieren, eine Haftung übernehmen.

DER KÜNSTLER

Gerhard Paula, geboren in Augsburg, hat in Fachkreisen seinen Namen. Bekannt wurde er vor allem durch seine City Scapes von New York. Die Liebe zu dieser Metropole hat ihn in seiner Malerei mit Temperafarben schon während seines Studiums zum Grafiker inspiriert. Heute ist er in der Kunstszene über die Grenzen Bayerns hinweg bekannt.
Wenn Sie Lust auf mehr Kunst haben, dann besuchen Sie den Künstler unter: **www.gerhardpaula.de**

IMPRESSUM

© Edition Erfolg Verlag, Augsburg
Alle Rechte vorbehalten. Nachdruck – auch auszugsweise – nur mit Genehmigung des Verlags.
5. Auflage 2006

Umschlagentwurf: FRANK & FRIENDS, Werbeagentur, Augsburg
Layout und Satz: FRANK & FRIENDS, Werbeagentur, Augsburg
Printed in Italy
ISBN 3-938826-17-7